中公新書 2761

佐藤雄基著

御成敗式目

鎌倉武士の法と生活

中央公論新社刊

はじめに

御成敗式目を知っていますか？

そう聞かれたとしたら、小中学校の授業でも扱われるので、名前ぐらいは聞いたことがあると答える人は多いのではないだろうか。鎌倉幕府によって一二三二年（貞永元年）に制定された「御成敗式目」は、中世の武士たちが自らつくった法典として広く知られている。いや、誰もが知っているような法など、他には日本国憲法くらいなのだから、日本史上、最も有名な法であるといっても過言ではない。今から約八百年前、この法がどうして生まれたのか、どうして有名な法になったのか、これが本書の最大のテーマである。

鎌倉幕府とは、鎌倉に本拠を置く武士の政権である。一一八〇年代の治承・寿永の内乱の中で生まれた。京都の朝廷（公家）にかわって幕府（武家）の世になったといわれることがあるが、朝廷はなお健在であり、幕府は東国の地方政権という性格を強く残していた。ここでいう「東国」とは畿内（現在の京都府南部・大阪府・奈良県に相当）や西国と対になる概念である。鎌倉時代には時期による変動はあるが、主に越中（富山県）、三河（愛知県東部）より東を指し、今でいう東日本より少し広く、鎌倉幕府の権力の強いエリアを指す。日本列島において京・畿内以外の地方に初めて本格的な政権が誕生したという意味においても、鎌倉幕府の成立は日本史上画期的な出来事だった。

一二二一年（承久三年）の承久の乱で、朝廷に勝利することによって、東国政権だった幕府は畿内や西国にも力を及ぼし、全国的な政権へと成長していく。その十一年後、武家政権が旧来の律令法（中国に倣って制定した基本法）とは異なる独自の法をつくったことは、従来の朝廷とは別の新しい国家権力の成立を宣言するもので、江戸時代まで続く本格的な「武家の世」が到来したことを象徴する出来事だった。これが式目の一般的なイメージであろう。式目を制定した幕府執権（将軍を補佐して政治を行う職）の北条泰時は、初代将軍源頼朝の妻政子の甥で、父義時（政子の弟）の死後は執権の地位を継承し、幕府政治を確立した名政治家として知られている。泰時は側室の子だったが、数々の武功を立て、承久の乱では上洛軍の司令官として活躍し、義時の後継者となった。武将として地位を得た泰時が式目を制定すること自体、内乱から平和へ、幕府政治の安定を象徴する出来事だった。

だが、承久の乱後も、京都には朝廷や貴族・大寺社の勢力が残り、畿内・西国は相対的に朝廷の権力の強いエリアとして残っていた。幕府が畿内・西国に力を及ぼしたように、朝廷も全国政権として東国に緩やかに力を及ぼした。室町幕府や江戸幕府とは異なり、鎌倉幕府の性格がつかみにくいのは、京都の朝廷と鎌倉の幕府という二つの政権が並び立ち、両者の関係が分かりにくいからである。確かに政治的・軍事的な実力では幕府が圧倒し、国政の中心となっていくが、政治・経済・文化の中心は依然として京都だった。

南北朝の動乱の中、足利氏が北朝の天皇を支えて京都に開いた室町幕府。さらには応仁・文明の乱から戦国時代を経て、天皇が政治的な実権を完全に失い、京都も首都ではなくなる一方で、関東平野の一大名という性格を残しながら全国統一政権となった徳川氏の開いた江戸幕府。同じく幕府と呼ばれてはいても、それぞれ明らかに異なる存在なのである。

鎌倉時代の「国のかたち」をどのように理解するのかが、研究者の間では長く大きな論争となっていた。大きく分けると二つの学説がある。一つは「権門体制論」と呼ばれる学説である。これは、幕府は中世の支配者層の一部分でしかないとする。つまり、荘園制に基づいて民衆支配を行う点では武家（幕府）や公家（貴族）、大寺社という諸権力（権門という）は共通しており、そのうち鎌倉幕府は軍事と治安維持を担う権門として天皇のもとで国家権力の一部を構成していた、と説く。もう一つは「東国国家論」と呼ばれる学説で、幕府は関東に独自の基盤を持ち、京都の朝廷から半独立的な状態にあることを重視する。

いずれの学説も、「鎌倉幕府は日本国全体を支配する権力ではない」という事実認識には大きな違いはない。しかし、前の時代から続く朝廷・京都中心の秩序で考えるのか、鎌倉に新たに生まれた幕府権力の成長を重視して考えるのか、それによって鎌倉時代の様々な歴史的な事象の評価が異なってくるのである。

このうち東国国家論に基づけば、「御成敗式目」は新たな武家政権の輝かしい独立宣言となろう。鎌倉時代の後期に編纂された幕府の歴史書『吾妻鏡』は、式目制定について次のように述べている。「式目は藤原不比等のつくった養老律令に匹敵するものであろう。律令は天下の模範であり、式目は関東の大きな宝である」（貞永元年八月十日条）と。養老律令とは摂関家の祖である藤原不比等が七一八年（養老二年）に編纂し、七五七年（天平宝字元年）に施行された法典であり、それ以降は新たな律令が編纂されることがなく、中近世にも尊重されていた。式目は新たな武家法として、朝廷の養老律令と並び立つものと考えられていた。

しかし、歴史の研究にあたっては、一つ一つの情報源（これを「史料」と呼ぶ）の性格をよく考えて利用する必要がある（これを「史料批判」という）。『吾妻鏡』は十四世紀初頭頃成立と考えられている。式目制定から約七十年が経過しており、幕府の力が強大化・安定化した鎌倉後期の歴史像である。式目の生まれた一二三二年（貞永元年）当時の認識がどうであったのかは別に考える必要がある。実はこれは本書を貫く重要な問題であり、成立直後から式目の「読まれ方」は様々に変化していくのである。

本書の狙いは、後世の「読まれ方」を否定することではない。むしろその逆である。つまり、一二三二年当時の文脈において式目を正確に理解することによって、その後の式目の「読まれ方」をその時々の歴史的な産物として正当に位置づけることができるのである。従来の歴史学では、後世の「読まれ方」を不純物として排除し、「それが本来、何であったのか」を明らかにすることを重視していた。しかし、現代歴史学では、人びとがどのように歴史に向き合い、歴史と付き合ってきたかという「歴史実践」といわれる領域に目を向けるようになっている。本書で論じていくように、一二三二年当時の状況に規定されて、式目は日本史上稀有な「有名な法」として周知されていき、そうであるがゆえに、人びとは式目を様々に受けとめ、利用しており、そうした式目受容は現代まで続いている。歴史の教科書では「一二三二年に御成敗式目が制定された」として出来事が「点」で語られるだけだが、歴史の面白さは長い時間軸の中で物事を考えるところにある。

式目の誕生とその受容のダイナミズムを解き明かすことは、日本史上の「武士の世」とは何だったのかを理解する重要な手掛かりになる。著者の好きな言葉に「事実は小説よりも奇なり」というものがあるが、歴史は人間にとって無限のコンテンツの宝庫であって面白い。歴史にとらわれず、しかし歴史を捨てるのではなく、私たちが上手に歴史と付き合っていく。本書がそのお役に立てればと願う。

本書の副題は、「鎌倉武士の法と生活」というものである。日本法制史家の石井紫郎著『日本人の国家生活』・『日本人の法生活』（ともに東京大学出版会）を意識したネーミングを希望したところ、編集部の提案があった。日本社会で法というと「お上」が与えた法律で、人びとが自らつくったものではないという「諦め」がどこかあるような気がする。本書では、鎌倉時代の人びとが式目をどのように受けとめ、与えられた条件のもとで、式目を用いて「法」をつくっていたのか、その現場に迫りたいという思いを込めたつもりである。

本書はⅠからⅣまで四部の構成のもと、全十一章から成る。Ⅰ部（第一・二章）では御成敗式目がどのように誕生したのか、その時代背景を論じ、Ⅱ部（第三〜五章）では御成敗式目という法の性格やその全体像について紹介している。Ⅲ部（第六〜八章）では、何を定めた法なのかを具体的な規定から論じ、Ⅳ部（第九〜十一章）では、御成敗式目がどのように変化し、どのように後世受容されていくのかを追跡した。Ⅰ部はやや日本中世史の概論的な内容でもあるので、式目の内容に関心のある人は、Ⅱ部、特に五十一箇条の全容を紹介する第四章から読んでいただくのもよいかもしれない。

巻末には、鎌倉幕府法の索引を付けるとともに、五十一箇条の書き下し（漢文で書かれた原文を日本語として読む文章）を付けている。式目の文章は中近世には広く知られ、様々なところでフレーズや言葉が引用されるほか、江戸時代には寺子屋で文字を覚える教材として広く利用されていた。文学作品とは異なるが、やはり日本の古典の一つなのである。書き下しといっても古文であり、一読して理解するのは難しいかもしれないが、本文中に現代語訳や解説を付けているものも多いので、興味のある読者は、索引も利用しながらぜひ参照してほしい。ルビ（読み仮名）も多めに振ったので、できれば声に出して読んでみて、式目の原文の持つ雰囲気を味わってみることをお勧めしたい。

目次

II

Ⅳ

国名	現都府県名
伊豆	静岡
駿河	
遠江	
三河	愛知
尾張	
美濃	岐阜
飛驒	
信濃	長野
甲斐	山梨
越後	新潟
佐渡	
越中	富山
能登	石川
加賀	
越前	福井
若狭	

国名	現都府県名
陸奥	青森
	岩手
	宮城
	福島
出羽	秋田
	山形
安房	千葉
上総	
下総	
常陸	茨城
下野	栃木
上野	群馬
武蔵	埼玉
	東京
相模	神奈川

旧国名地図．国名は『延喜式』による．

旧国	県
筑前	福岡
筑後	
豊前	大分
豊後	
日向	宮崎
大隅	鹿児島
薩摩	
肥後	熊本
肥前	佐賀
壱岐	長崎
対馬	

旧国	県
阿波	徳島
土佐	高知
伊予	愛媛
讃岐	香川
備前	岡山
美作	
備中	
備後	広島
安芸	
周防	山口
長門	
石見	島根
出雲	
隠岐	
伯耆	鳥取
因幡	

旧国	県
近江	滋賀
山城	京都
丹後	
丹波	兵庫
但馬	
播磨	
淡路	
摂津	大阪
和泉	
河内	
大和	奈良
伊賀	三重
伊勢	
志摩	
紀伊	和歌山

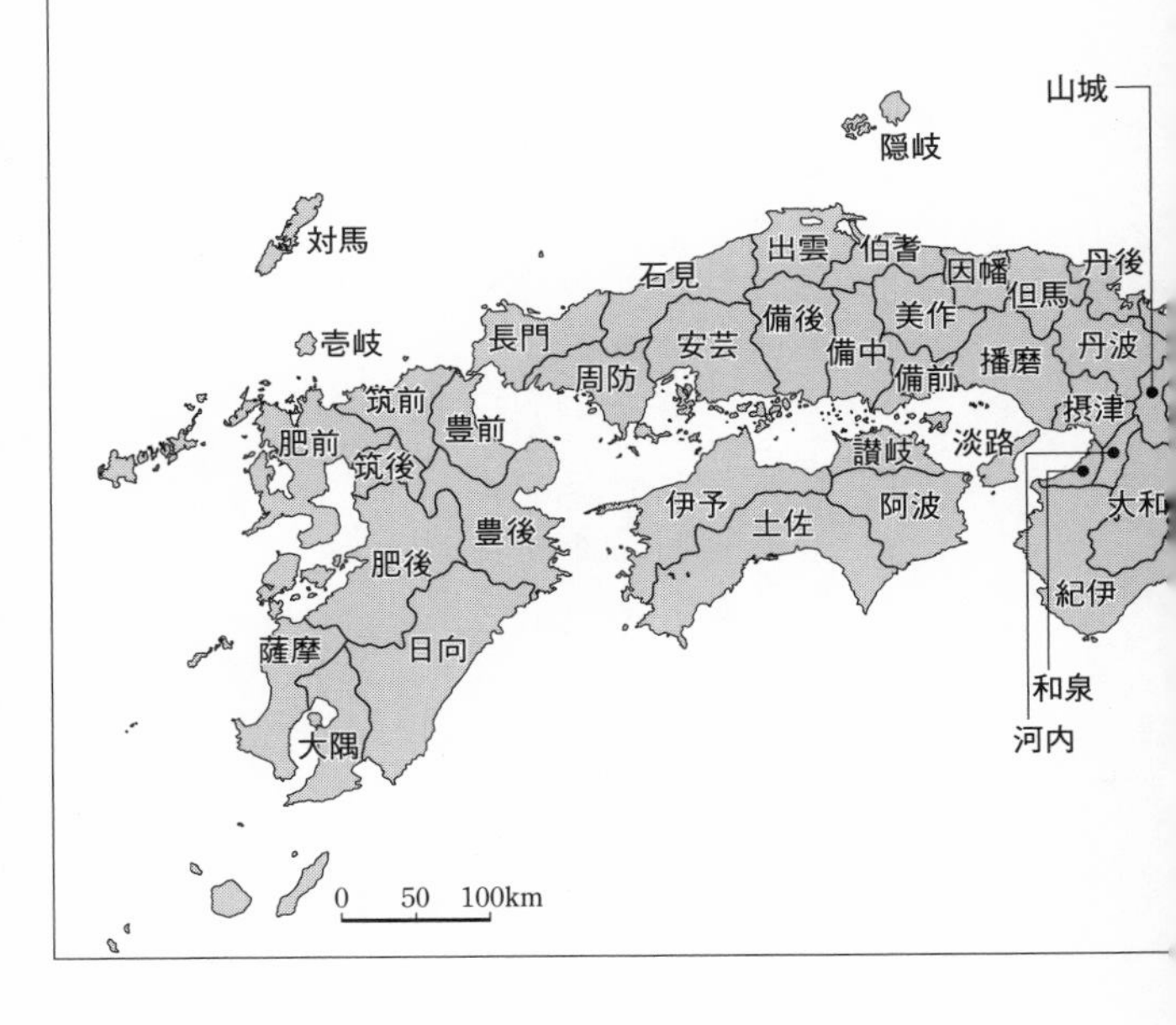

凡例

年代は西暦を主とし、日本の元号を（　）に補った。明治五年まで和暦と西暦とは約一か月の違いがあるが、年月は和暦をもととし、西暦に換算しなかった。たとえば貞永元年十二月一日は、西暦では一二三三年一月十二日であるが、一二三二年（貞永元年）十二月一日とすることになる。改元された年は、その年の初めから新しい元号とした。たとえば寛喜四年は四月二日に改元して貞永元年となったが、この年のことはすべて一二三二年（貞永元年）とした。

本文で引用する追加法は、佐藤進一・池内義資編『中世法制史料集第一巻　鎌倉幕府法』（岩波書店）による。

御成敗式目

第一章　中世の「国のかたち」

守護と地頭

鎌倉幕府は守護と地頭を任命して全国を支配したといわれている。それでは守護と地頭とは何だろうか。

守護とは鎌倉幕府が「国」ごとに設置した地方官であり、軍事や治安維持を担当した。「国」とは現在の都道府県のようなもので、中国に倣って中央集権的な国家の建設が進められた八世紀初頭に設置され、最終的に全国に六十八箇国（六十六国二島）置かれた。

ここで重要なのは、国ごとに守護が置かれる一方で、朝廷の支配下にある国司という地方官が国ごとに存在し続けていたことである。国司とは「国」の長官である。たとえば、福井県の東部は「越前国」であり、その長官は「越前守」となる。南北朝期以降、国司の支配が形骸化した後は、実体のない名誉職となり、江戸時代にも武家の名乗りに用いられる（時代劇が好きな人は「大岡越前守」とか「吉良上野介」という名乗りを聞いたことがあるだろう）。
しかし、大事なことは、鎌倉時代にはまだ「国」ごとに「国衙」（国の役所）とそこに集う在庁官人（国の地方役人）たちの勢力が残っていたことである。国司は名目化し、上級貴族が「知行国主」として国司の職務を代行することも一般化するが、ここでは分かりやすく国司系統と呼んでおこう。国司系統の支配下にある所領を公領（国衙領）と呼ぶ。

同時に、国司の支配下にない荘園も多かった（十二世紀の記録によると、ある国の荘園と公領の比率は半々だった）。古代にも荘園と呼ばれる土地は存在したが、社会システムとしての荘園制はなかった。十二世紀に成立した中世荘園は古代の荘園とは全く異なる存在形態をとる。古代の荘園は、個別具体的な耕地に過ぎなかったが、十二世紀に設立された荘園は、中央政府と地方政府の連携のもと、広大な領域が囲い込まれたもので、「国」のもとで公領（「郷」）と並ぶ行政単位となった。今でいえば、古代の荘園は、神奈川県鎌倉市の〇〇町の何平方メートルの具体的な地所であるのに対して、中世の荘園は鎌倉市が鎌倉「荘」になったようなものであり、人びとも「〇〇国〇〇荘の住人」を名乗るようになる。荘園領主には、朝廷支配の中枢にいる天皇家や上級貴族、大寺社がなった。貴族や寺社など一般の荘園領主は「領家」、天皇家などの最上級の荘園領主は「本家」と呼ばれるが、鎌倉幕府法では裁判権を持つ荘園領主を「本所」と呼ぶなど（二四頁に後述）、階層や文脈に応じて、史料上の呼称は必ずしも一定しない。

そして、国司系統の公領も、知行国主（彼らは別に荘園を持つ荘園領主でもあった）は自らの所領のように近親者や従者に与え、その収益を利用していたので、荘園に似た性格を持つようになる。こうして十二世紀に成立した統治システムを荘園制（荘園公領制）と呼ぶ。古代には、国のもとに「郡」という行政単位が置かれていたが、荘園・公領に置き換わった。

　鎌倉幕府は荘園制を根本から変えることはできなかったし、そうする理由もなかった。むしろそれを利用することで、統治システムを低コストで整備することができた。それが地頭制である。

「泣く子と地頭には勝てない」という古い諺（ことわざ）があるように、地頭は土地を治める領主を指す言葉になるが、鎌倉時代の地頭とは、幕府が守護とは別に国内の荘園や公領ごとに設置したポストである。御家人（ごけにん）（幕府の支配下にある武士）は、幕府から「御恩」として荘園・公領の地頭の地位を与えられ、軍役などの「奉公」を果たしていた。武士たちは荘園・公領ごとに地頭のような現地管理者の職（しき）（一七頁に後述）を持つことで、その荘園・公領に所領を確保していたのである。

　国司や荘園領主の支配を尊重することは、鎌倉幕府の基本原則だった。国司や荘園領主の権益を侵害しないように、幕府は繰り返し守護や地頭に命令していた。どうしてだろうか。この問題を手掛かりにして、鎌倉幕府と荘園公領制の関係、さらには中世とはどのような時代だったのかをみていくことにしたい。

「大犯三箇条」とは何か

大犯三箇条とは守護の職務を指し、謀叛人・殺害人の逮捕および内裏大番役（京都の天皇御所の警備）のことである。守護は国内の御家人を動員してこれらの職務を担った。それでは、式目は武家の基本法として守護の基本的な職権を定めたものなのだろうか。そこで三箇条を定めたとされる式目第三条をみてみよう。

一、諸国守護人が奉行すべきことについて

（前略）右大将家（源頼朝）のときの例に従って、大番役と謀叛・殺害以外は、守護の関与をすみやかに停止する。もしこの条文に背いて、これら（三箇条）以外のことに関与したならば、国司・領家の訴えによって、あるいは地頭・庶民の愁鬱によって、非法であることが明らかであるならば、守護職を解任して、穏便な人物を代わりに任命する。（後略）

この一節は高校の日本史教科書などにも大犯三箇条の規定としてよく引用されている。ここから分かるように、守護は国司や領家（貴族や寺社といった荘園領主）の権益を侵害しており、国司・領家の側からの訴えが鎌倉幕府に寄せられていた。また、守護に権益を侵害され

『御成敗式目』の冒頭部分　永正３年書写本（東京大学史料編纂所所蔵）を改変した。式目の諸写本については110・111頁で後述

た地頭が訴える場合もあったようである。地頭は守護の部下ではなく、対等の御家人として守護とは対立することもあった。

　ここで重要なのは、大番役の動員と謀叛人・殺害人の逮捕に守護の職権を限定するのは、源頼朝の時代の先例であると明記されていることである。頼朝の先例を掲げて法令を正統化する動きは北条泰時執権期に盛んになるが、式目制定の前年の一二三一年（寛喜（かんぎ）三年）にも「諸国の守護人について、大番催促・謀叛・殺害人以外の細々雑事に関与してはならないと、故右大将家（源頼朝）のときに定め置かれた」という法令を出していた（追加法三一）。つまり、大犯三箇条は式目によって新たに規定されたわけでも、慣習が初めて成文法化したわけでもない

のである。付け加えると、「大犯三箇条」という表現は、おそらく鎌倉幕府滅亡後から登場する表現で、同時代には「三箇条」とだけ呼ばれていた（新田一郎「「大犯三箇条」異説」）。「式目が守護の職権として大犯三箇条を定めた」という表現は二重に不正確である。

それでは式目第三条は、頼朝以来の先例を掲げた既存の幕府法令を再確認しつつ、何を新たに定めた法だったのだろうか。第三条の文章の前段をさらにみていこう。

> 右大将家（源頼朝）の時代に定め置いたところでは、大番催促・謀叛・殺害人〈付けたり。夜討・強盗・山賊・海賊〉のことである。しかし、近年では代官を郡や郷にそれぞれ任命し、公事（年貢以外の租税）を荘園や公領（保）に賦課し、国司でもないのに国司の支配を妨げ、地頭でもないのに所領の収益を貪っているという。その行いは非常に無道である。（中略）また代官に関しては、一人と定めるべきである。

守護が任国内に複数の代官を置き、その代官が荘園や国司の支配を侵害している様子が具体的に書かれている。そのために第三条は非法の守護は解任するという懲罰規定のほかに、守護の代官は一人だけであると定めているのである。代官の規定は一見付け足しのようにみえるが、式目制定の翌年、ある荘園領主がさっそく式目を引用して幕府に訴えを起こしたとき、「代官は一人」という第三条の一節が引用されている（『鎌倉遺文』四五三四号）。守護とは国司のような地方官であり、現地に下っているというイメージがあるかもしれない。だが、実際には当時の（特に畿内・西国・九州の）守護は幕府の有力御家人で、鎌倉に住んでおり、現地には代官を派遣するのが一般的だった。この代官たちが各地で問題を起こしており、幕府も手を焼いていたのである。

式目の規定は個別具体的

現在、御成敗式目の読み下しや注釈として定番は、一九七二年（昭和四十七年）に刊行された『中世政治社会思想』上巻（『日本思想大系』21）である。そこで式目を担当した笠松宏至は、中世法研究の土台を築いた歴史家だった。笠松が強調したのは、①式目をはじめとする幕府法は、基本的には幕府が任免権を有する地頭職か、主従関係のある御家人を対象とした法であり、地頭・御家人以外に広く適用しようと意図するものではなかったこと、②式目は一般原則を定めたものではなく、制定当時、具体的に問題になっていた案件について対応策を示したものに過ぎないこと、である。

　これらの点を押さえなければ、第三条は正確に理解することができない。現代の法制度では、基本法では基本的な事項を定め、そのうえで個別具体的な問題に対しては特別法を定めている。それに対して、式目は基本法ではなく、当時生じていた問題についての対処法を示したものである。一般原則に相当するものは、話の前提として記されているに過ぎないか、場合によっては本文には書かれていないのである。

式目はわずか五十一箇条に過ぎない。一箇条、三箇条の単行法令が中心だった幕府法の中では確かに五十一箇条は多いが、日本の古代国家が中国に倣って導入した律令法に比べると少ない。たとえば養老律令は、律（刑法的内容）十巻十二編、令（行政法的内容）十巻三十編から成るように大部のもので、官僚制に基づく中央集権体制を運用するために体系的な内容を持つ。それに対して式目は、制定者である北条泰時自身、書き漏らしたことがあれば追加法を定め、式目の奥に一条ずつ書き足していくと述べている。そもそも体系的な法典ではなく、具体的な問題への対応・方針をまとめたマニュアルという性格が強く、個別に出されていた法令との質的な違いはない。

それでは式目に書かれていない事態が発生したらどうするのか。そのときは状況に応じて判断し、場合によってはそれが新たな追加法になった。事態の性質によっては律令法が参照される場合もあったらしい。たとえば、十二、三歳の童が刃傷事件を起こしたとき、童の犯罪は式目に規定がなかったので、律令法の専門家に意見が求められ、十六歳以下は実刑（身体刑）にかえて罰金刑を科すという律令（名例律）の規定が適用されている（『吾妻鏡』建長五年二月二十五日条）。ただし、この事例でも分かるように、判断に困ったときに律令法が参考にされることもあったという話であって、式目に書かれていない事態では律令法が必ず適用されたというわけでもない。

式目は鎌倉幕府滅亡後も武家政治の鑑（かがみ）として特別視されていく（二一〇頁で後述）。「式目」自体は、現在の憲法のように一般原則のみを記したものではなかったが、大犯三箇条のように一般原則に関わるところが抜き出されて参照されていく傾向があった。一二三二年（貞永元年）の制定時点における意味や文脈が忘れられたまま、長い歴史の中で意味を持たされていくところに、式目を読み解く難しさがある。

三箇条の一つ「大番役」とは、京都の内裏の警護を意味する。御恩と奉公のうち、幕府への奉公として御家人が勤める負担の一つは、天皇の守護だった。治承・寿永の内乱、そして承久の乱という二度の内乱に勝利して、圧倒的な力を得たはずの幕府が、既存の権力である朝廷に低姿勢だったのはどうしてだろうか。鎌倉幕府の成り立ちやその前史にさかのぼってみていく必要がある。

中世とはどういう時代か

十世紀以降、気候変動が激しくなるとともに、古代の集落が消滅し、古代社会が根幹から変容を遂げたといわれている。支配者の側からみると、この時期は、従来の国家機構が十分に機能しなくなり、従来のしくみでは税収の確保が困難になっていた。社会を根底から破壊するような異常気象や飢饉（ききん）に苦しむ民衆を直接救済しようとする能力も意欲も為政者たちは失っていた。そして、飢饉などの際には神仏に祈りを捧（ささ）げることで統治者としての責任を果たすという態度をとるようになっていた。

中世の政治権力は、税収を確保できれば、末端の支配は現地の支配者に任せて放置するという態度をとりがちだった。そもそも中国を模倣した中央集権的な律令体制が七、八世紀に生まれたのは、中国に唐王朝が成立し、朝鮮半島の百済・高句麗が滅亡し、新羅が半島を統一するなど、対外的緊張の高まりをきっかけにしたもので、日本社会の内側から生まれたものではない。唐の衰退と対外的緊張の弱まりとともに、集権的な支配体制はゆっくりと緩んでいった。だが、日本の朝廷は、唐や新羅のように分裂や滅亡を迎えなかった。それどころか、中世ヨーロッパのように王や貴族が徴税のために各地の所領を移動して回るということもなく、地方から京都に税が納められ続けていた。日本史上の古代から中世への移行は、単なる古代国家の衰退ではなく、世界史的にみても稀有な現象なのである。

中世の日本の総人口は実は明らかではない。中世の国家権力は人口統計すら行わなかった。古代や近世は大まかな人口が分かっているので、前後の時代と比べての推定になるが、一説によれば、式目が制定された頃の日本国六十八箇国の総人口は多く見積もっても、六、七百万人程度で、京都の人口は多くても十数万人と想定されている（『岩波講座　日本経済の歴史1　中世』）。日本列島は山がちな地形で、孤立分散的な盆地や谷あいに居住可能な土地があり、開発も進められていくものの、京都以外に大都市は存在せず、鎌倉でさえも数万人規模だったと考えられている。関東平野の開発が進むのは近世である。中世は学校制度もなく、知識・情報・技術とその教育は貴族と寺院勢力が握っていたが、彼らの大半は京都に集住していた。京都は政治・経済・文化あらゆる面において日本列島内で隔絶した地位を占めており、現在の東京一極集中の比ではない。

中世は地方社会が成長する時代といわれてきた。しかし、一国単位でも人口十万、二十万人だとすると、京都に対抗する政治権力が地方に生まれにくい構造があったと考えざるを得ない。地方の有力者は京都と結びついて地方社会に君臨する選択肢をとり、中央の有力者は律令国家のように全国をくまなく統治するのではなく、地方有力者と個別に結びついて、地方の富を確保するようになった。

こうした個別的な中央と地方の結びつきに基づく国のしくみは、緩やかだったが、柔軟で、したたかだった。世界史的な気候変動や異常気象もあって、中世の為政者たちは中長期的な視野を持って民の生活を守るという統治者意識を失い、極端な「小さな政府」となり、場当たり的に収奪を繰り返すばかりとなった。放置放任された人びとには自分の権利や安全を自分の力で守るという「自力救済」が求められていた。そして、細やかに分断された人びとは、互いに小競り合いを繰り返すばかりで、支配体制自体を内側から崩す動きはなかなか生まれなかったのである。

秩序が根本的に変わっていく十六世紀までの約四百年間、肥大化した京都とそこに集住する支配者集団が、列島各地を個別的に支配するしくみ、すなわち荘園制が社会の基本的な枠組みとなる。荘園制の成立は、院政と呼ばれる朝廷の新たな政治システムの成立と結びついていた。当時の朝廷は、天皇や摂政・関白ではなく、天皇経験者である上皇（院）が、現天皇への親権に基づいて政治の実権を握っていた。これを院政という。一〇八六年（応徳三年）に白河天皇が譲位してから、白河・鳥羽・後白河の三代の院の治世を院政時代（院政期）と呼ぶ。七九四年（延暦十三年）の平安遷都から鎌倉幕府成立までを「平安時代」というが、特にその最後の約百年を院政期として、中世という時代の最初に置くのが、現在の学界では一般的である。

訴訟の時代

それぞれの荘園では、地方の有力者たちが「荘官」、つまり現地管理者として運営を担った。彼らは地方の国庁の役人（在庁官人）でもあり、また、中央の貴族たちに奉仕することもあるなど、様々なコネを持ちながら、土地の開発や経営にあたって富を生み出していた。彼らにとっても、「荘官」となるメリットは大きかった。現代では役所で土地の登記を行うことができるが、中世の土地の所有者が自らの権利を法的に確かなものとする手段に乏しく、不安定な立場だった。中央の有力者とつながって、その荘園の中でポストを得ることは、自らの身分や財産を確かなものにするためにも意味があったのである。こうして彼らの収益は荘園の現地管理者としての役職とセットになって子孫に相続されるようになる。役職と収のがある。

益・利権がセットになったものを「職」という。たとえば、下司職や地頭職などといったも

こうした「職」を所領とし、財産相続することによって、「家」が成立した。「家」とは、私たちのイメージするような家族一般のあり方ではなく、財産（家産）と仕事（家業）が「職」としてセットになった状況のもと、それらを親から子に継承していくことを目的とした経営体を指し、研究上は「中世的イエ」などといわれる。現代でいえば歌舞伎や茶道の家元の「家」が近いだろうか。中世社会とは、荘園制とそれを基盤にした「職」（仕事と利権）と「家」、これらを基盤として、多様な勢力が緩やかに結びついて運営されている社会であった。

こうして荘園制が成立すると、地方の紛争は現地の小競り合いで解決されるか、そうでなければ、直接中央の有力者のもとに持ち込まれるようになった。そもそも荘園制のもとで「職」や荘園の領域が形を成し、開発が進展することによって、争う対象ができてしまったことにも注意したい。律令制のもとでは、地方の紛争はまず郡司（国の下に置かれた郡の地方官）が裁き、そこで解決されない場合は国司、ついで中央政府に持ち込まれたが、基本的には地方レベルで解決が図られていた。現代のように司法と行政の分化の上に成り立つ「裁判所」は存在せず、役人や有力者が裁判を行っていた。

「卵が先か、鶏が先か」という話に似ているが、こうして地方社会で訴訟が頻発するように

なると、地方から中央の有力者を頼ろうとする動きが加速した。この構造が中央の権威を維持し、荘園制を支えることになる。頼ろうとした中央の有力者が頼りないと思えば、これを見限って、別の有力者に所領を寄進し、保護を求めることもあった。九世紀末以来、本来は裁判を行う立場ではないが、自分に有利な判断をしてくれそうな有力者に訴えを起こしたり、あるいは自分の代わりに裁判を起こしてもらえるように頼む動きがあった。これを「寄沙汰」といい、中世の訴訟を特徴づける動きとなった。

鎌倉幕府のもとに多くの訴えが寄せられていく背景には、「寄沙汰」を生み出す中世社会の構造があった。しかし、頼むべき権門が京都の支配者集団である限り、いくら「寄沙汰」が起きても、ルートが替わるだけで、天皇を頂点とする支配構造の全体は変わらなかったが、鎌倉幕府に訴訟が集中した場合、京都を中心とする構造が揺らぐ可能性が生じた。それに対して、後述するように、幕府は極力、自らの裁判管轄を限定しようとしたのである。ここで鎌倉幕府の話に戻ることにしよう。

内乱から生まれた鎌倉幕府

中世は内乱の時代といわれる。そのほとんどは現地での権益をめぐる小競り合いだった。しかし、荘園制の成立によって、荘園現地で富と武力を持って開発・経営にあたる人びと（経営者としては在地領主、武力を持つ面を捉えれば地方武士）と中央とが直接に結びつくと、地方の紛争が中央に持ち込まれ、中央政界の内紛が地方に波及することで、大規模な内乱が起こってしまう条件が生まれていた。

その最初は、一一五六年（保元元年）の保元の乱、一一五九年（平治元年）の平治の乱だった。院政を行う地位の継承をめぐる中央の政争が、京都に集まった武士たちの存在を背景にして、大規模な軍事衝突に発展した。その結果成立した後白河院政は基盤が弱く、保元・平治の内乱で後白河方を勝利に導いた平清盛が院政を支えていたが、その晩年に後白河院政と対立し、反平氏反乱を招いてしまった。これが世にいう源平合戦であり、治承・寿永の内乱ともいわれている。保元・平治の乱とは異なり、全国化・長期化した。「泰平の世」といわれる江戸時代（近世）まで四百年以上にわたって、日本社会は断続的な内乱を経験する。いわば「内乱の時代」としての中世の始まりである。

この内乱を勝ち抜いたのが、源頼朝である。頼朝は鎌倉に拠点を置き、南関東を中心とする東国に独立的な支配領域を築いた。頼朝はもともと伊豆にいた一介の流人に過ぎなかった。以仁王の乱をきっかけにして、各地で引き締めを強化した平氏への反発から、あるいは各地で慢性的に続いていた所領争いの中で敵対勢力が平家に近いなど、様々な理由によって反平家で蜂起した武士たちが、反平家の御旗として頼朝を利用しようとして、頼朝方に集まったのである（川合康『源平合戦の虚像を剥ぐ』）。

一一九〇年（建久元年）の上洛の際、頼朝は後白河とトップ対談を行い、朝廷のもとで朝廷を守護する役割を担うという幕府の役割を明確化した。その後、頼朝は、全国の武士を幕府の支配下にある「御家人」と、幕府ではなく荘園領主などの支配下にある非御家人とに分け、将軍のもとで（実際には国ごとに守護に率いられて）大番役を勤めるのは御家人だけである、とした。このとき重要なのは、御家人になるかどうかの選択肢を武士に与えたことである。国司や荘園領主の支配下に残ることを選んだ武士たちは「非御家人」と呼ばれた。鎌倉時代の武士の全員が御家人というわけではないことには注意が必要である。

全国の御家人を統率して朝廷を守護するという立場を全うするのであれば、後白河が慰留したように、頼朝は京都にとどまるべきだっただろう。しかし、一一九〇年の上洛時、頼朝はすぐに鎌倉に戻った。京都の政界にとどまり、不必要に権勢を肥大化していけば、結局のところ公家や大寺社を敵に回してしまう。あるいは、本来は京都に仕えていた武士たちがまた直接朝廷や貴族社会と結びつくことになれば、幕府というまとまりが空中分解してしまう。そうなれば平氏の二の舞になってしまうと思ったのではなかろうか。

頼朝はその一方で、自らの許可を得ずに御家人が朝廷から官職を得ることを厳しく禁じていた。儒教道徳を身につけた「泰平の世」江戸時代の武士とは異なり、当時の武士は二人以上の主人に仕えることは普通だったが、頼朝は自分だけに仕える「家人（けにん）」を理想としていた。御家人の範囲を明確にしながら、京都・朝廷には一定の距離を置き、朝廷と御家人との唯一の仲介者というポジションを得ることを頼朝は選択したのである。

鎌倉幕府の自制的態度と一一八六年

御家人制が成立したのちも、幕府と結びつくことで便宜を得ようとする者は、特に畿内・西国では後を絶たなかった。中世社会では何らかの役を負担することと身分を得ることとが結びついていた。御成敗式目の第三条に戻ると、その中には次のような一節がある。

前のことに関連して、各所の下司・荘官たちが、御家人の名を借りて、国司や領家の命令に従わないという。そのような者たちが守護の役を勤めたいとたとえ望んだとしても、彼らを加えて大番催促するようなことは一切してはならない。

地方の武士（非御家人）が荘園領主などに抵抗するために、守護への奉仕（守護役）を勤めて、御家人と称する動きがあったという。その動きを放置すれば、守護の力が増大するだけではなく、荘園公領制を動揺させ、荘園領主・朝廷と対立することは目に見えている。だからこそ、第三条では非御家人の守護への奉仕を禁じているのである。顔も知らない西国の武士が勝手に御家人を称して荘園領主と対立し、その責任が幕府に負わされる、そうした事態を防ぐためにも、自己限定が必要だったのである。

頼朝が最初に一線を引いたのは、平氏滅亡後だった。頼朝のもとに集まった武士たちは、平氏勢力の所領を敵方所領として軍事占領し、自分の所領にしようとしていた。こうした武士の自己利益追求こそが内乱を動かす大きな力で、それを巧みに利用した頼朝を勝利に導いた。だが、荘園領主から現地の荘官まで複数の権益が一つの荘園に重なり合うという荘園制のしくみのもと、頼朝方を称して現地を軍事占領する武士たちの動きは、様々なトラブルを引き起こし、朝廷・荘園領主と頼朝の間で大きな政治問題と化していた。

最終的には一一八六年（文治二年）十月、朝廷と頼朝の合意のもと、謀叛人の所領を「地頭職」とすること、その職務内容・権利義務はもともとの持ち主（謀叛人）を引き継ぎ、地頭はそれ以外の侵害をしてはならないことが定められた（のちの新補地頭と区別して、こうした地頭を「本補地頭」と呼ぶ）。つまり荘園領主の側からみれば、現地の荘官が平氏方として所領を没収されていたとしても、地頭が年貢を納め、様々な負担を負ってくれるので、内乱期前の荘園制の秩序が維持されることになる。地頭の任免権は、荘園領主ではなく鎌倉幕府が持つことになる。幕府からすれば、地頭制によって荘園制の内部に自らの支配基盤を得て、京都の朝廷・荘園領主と共存することができるようになったのである。

御成敗式目における地頭関連の規定は第五条である。荘園領主が地頭の年貢未進（未納）を訴えた場合、すぐに決算と会計監査を行って、年貢未進があれば未進額はきちんと納めるようにとしたうえで、「少分」であればすぐに、「過分」であれば三年以内に弁済しなさい、もし怠るようならば幕府は地頭を解任する、という内容である。地頭が荘園領主への年貢納入を義務づけられており、怠れば幕府から処分されるということは、本補地頭の大原則であり、一一八六年に定まっていた。だから、式目には地頭とは何かという規定はなく、式目第五条が新たに付け加えたのは、未進がどれほどあるのかきちんとチェックし、年貢未進分の納入に即時か三年以内かという期限を設けるという一点だけである。未進額がどこまでだと「少分」で、どこからが「過分」だという基準は示されていないが、不思議とあまり問題は起きていない。式目の規定はあくまで幕府の側の裁きの目安であり、ケースバイケースで判断されたのだろう。

こうした線引きは、地域的にも行われた。一一八六年六月には、頼朝は三十七箇国の「武士狼藉（ろうぜき）」停止を「院宣（いんぜん）」（院の命令文書）によって命じてほしいと朝廷に伝えている。この三十七箇国は（九州を除く）尾張（おわり）（愛知県西部）・越中以西で、のちの六波羅探題（ろくはらたんだい）の管轄（尾張〔のち三河〕・加賀（かが）〔石川県南部〕以西）とほぼ一致している（保立道久『中世の国土高権と天皇・武家』）。西国の御家人は各国の守護を介して間接的に把握されるなど、東国の御家人とは幕府との関係性が異なることが指摘されているが、「東と西」の最初の線引きがなされたのである。この判断が一一九〇年代の御家人の「限定化」の前提となる。

いわゆる「鎌倉幕府の成立」には幾つかの段階がある。一般には頼朝が征夷大将軍（せいいたいしょうぐん）になった一一九二年（建久三年）が知られているが、地頭「勅許」のあった一一八五年（文治元年）や「朝廷のもとで全国を守護する鎌倉幕府」という規定のなされる一一九〇年（建久元年）が学界では重視されてきた。しかし、平氏滅亡の翌一一八六年（文治二年）の鎌倉幕府の自己限定的な動きは、朝廷・京都との間に「線引き」して自己規定を行ったという点において、幕府成立史上画期的な意味を持つ（拙稿「鎌倉幕府の《裁判》と中世国家・社会」）。

頼朝は消極的か

こうした「線引き」を頼朝は積極的に行っている。これを従来のように頼朝の消極性とか「限界」と評価することはできない。戦後歴史学は、人間の歴史は古代から近代まで段階的に「発展」していくという進歩史観の影響が強く、新たな武士政権の成長（と古代以来の朝廷の克服）を重視し、そこに歴史の「発展」を見出した。そのために、頼朝の自制的態度を朝廷に対する「譲歩」「後退」であると評価しがちだった。

だが、頼朝は線引きを行う一方で、朝廷や荘園領主に「あなたたちの支配領域はあなたたちがきちんと統治するように」要求していく。一一八六年（文治二年）には頼朝は後白河に対して政治改革を要求し、記録所という裁判制度の再建も行わせたのである。このように他者に対して改革要求をしていくことは、中世の権門としては珍しかった。

こうした頼朝の政策を継承したのが、式目第六条である。

本所（実質的な支配権を持つ荘園領主・国司）の挙状（推薦状）を持たずに幕府に直訴す

ることについて。諸国の荘園・公領や神社・仏寺（が裁判権を持つ案件）については本所の挙状を持って訴訟をすべきなのに、挙状を持たないことはすでに道理に背いていよう。（挙状を持たない訴えは）今後は幕府が受理する必要はない。

鎌倉幕府の裁判には、自らの支配領域の案件（地頭・御家人関係）以外は扱わないという原則があった。院政期の権門は、訴えに対して自分に裁判する資格があるかどうかにはルーズな一面があったが、幕府はかなり神経質で、厳密に「線引き」しようとした。そうした幕府の姿勢は、内乱時の経験に根差し、戦後処理の過程において、地頭・御家人を厳密に「線引き」したことに由来する。

さらに、「挙状」発行を要求するというかたちで、荘園領主にもしっかり判断するように求めていることに注目したい。そして武家の領域はここまで、公家の領域はここ、寺社はここ、というように線引きを行い、責任範囲を明確化しようとした。権門体制論に相当する国家体制は鎌倉時代に確かに存在したが、源頼朝あるいは幕府が、朝廷や荘園領主との関係を築いていく中で積極的に支え、創り上げていく面があった。

式目第六条を捉えて、幕府は朝廷の下にある一権門に過ぎないという議論がなされることがある。確かに鎌倉幕府が中世国家の中の一部分であるのは間違いがないが、それにもかかわらず幕府権力を頼ったり、これを利用しようとする人びとを前にして、自らが一つの権門に過ぎないという自己限定的な原則を強く示していくことで、人びとの振る舞い方や全体の秩序に大きな影響を及ぼしていた。式目が幕府という一権門の法でありながら、国家秩序の法として鎌倉期の社会の中で広く受容されていくという「逆説」の根幹には、「線引き」をして上手に距離をとりながら、必要に応じて「線」の向こう側にも巧みに働きかけを行っていくという、頼朝に始まる幕府の統治術があったのである。

御成敗式目に対して従来、朝廷（律令）に対する武家政権の独立宣言であるとか、あるいは逆に武家という一権門の法であるという対極的な評価がなされてきた。しかし、前者はもちろんのこと、一権門の法であることを重視する後者の見方にも、最初は一権門だった武家がやがて（それがいつの時期なのか、鎌倉時代後期か室町か、あるいは近世なのかは、論者によって違いはあっても）社会全体の統治者へと「発展」するという見通しがあったように思われる。

しかし、頼朝による積極的な「線引き」の結果、治承・寿永の内乱の戦後処理がなされ、武家のもとで荘園制の秩序が安定していく。その政策には単なる「限界」以上の積極的な評価が必要だし、こうした頼朝の方針を引き継ぐ御成敗式目もまた積極的な評価が可能になる。笠松宏至が述べるように、確かに式目は主に地頭・御家人を対象とした法であった。ただし、その効果の射程をみたとき、幕府と朝廷・荘園領主の関係を規律し、中世の「国のかたち」を示す新しい統治法でもあったのである。

第二章　「有名な法」の誕生

誰でも知っている法

御成敗式目には「右大将家の例」という文言が多くみられるように、源頼朝の先例が強く意識されている。しかし、承久の乱の前と後で、幕府の政治体制には大きな変化があるといわれている。どのような政治体制の変化があったのかを確認しながら、式目という法の成り立ちをみていきたい。

一般に、式目は先例と道理に基づいて作成されたといわれている。道理については第三章で述べるが、先例という言葉にも注意が必要である。公的な記録保存のしくみはなく、先例は誰でも知り得るものではなかった。役人は自分の家に伝わった父祖の日記を参照して、目の前の問題を解決するのに役に立ちそうな先例を見つけて仕事をしていた（だから朝廷の役人である貴族たちは日記やマニュアルを書き、子孫に伝えていた）。互いに矛盾する先例の存在も珍しくはなく、中世の権力者は、その都度、複数ある先例の中から自分に都合のよいものを選択していた。

御成敗式目は、数ある頼朝の先例の中から、特定の先例を明文化して周知させた点に特徴がある。そして、幕府が式目の周知を図った点もまた大きな特徴である。現代人は法といえば公布され、周知されるのが当然だと思いがちだが、中世の法は必ずしもそうではなかった。たとえば、ある幕府法令が出されていたかどうか、法令制定の事実の有無が、幕府法廷の場で争われていた。その背景として、鎌倉中期まで幕府には記録保存のしくみが整備されていなかったことが指摘されている（笠松宏至『徳政令』）。無数の「無名の法」があって、たまたまそれを知り得た人たちによって、その人たちの都合がよいように取り上げられていたのであり、その点では「先例」と本質的な差異はない。「無名の法」も先例も、それ自体としては人びとが必ず従わなければならないような強制力はなかった。

法制史家の笠松宏至が説いたように、式目は、それらとは一線を画し、鎌倉時代においても誰もがその内容を知っている最も「有名な法」であった。その点において、中世の法の中で、最も例外的な法でもあった（笠松『日本中世法史論』）。どうして式目は「有名な法」だったのか、誰もが知っているということは、誰もがそれに従わなければならなかったということなのか、そのこと自体が大きなテーマとなる。

承久の乱

繰り返すように、鎌倉幕府とは一介の流人であった頼朝のもとに武士たちが集まって成立したもので、本来烏合の衆だった。一一九九年（正治元年）に頼朝が突然死を迎えたのちは、有力御家人間の対立が本格化し、頼朝の息子で二代将軍となった源頼家は、父の死からわずか五年後、母方の北条氏によって暗殺されてしまう。後鳥羽院は、頼家の弟で三代将軍となった実朝とは協調路線をとり、実朝も後鳥羽院との協調を重視していた。実朝という名前も後鳥羽院が名付け親だったほどで、朝廷・幕府の関係は緊密になっていた。だが、一二一九年（承久元年）に実朝が頼家の子の公暁（以前は「くぎょう」という読みが知られていた）によって暗殺されると、朝幕関係は急速に不安定になった。

実子のいない実朝は、後鳥羽院の皇子を後継者として迎え入れるつもりだったといわれている。実朝の暗殺後、幕府首脳陣は後鳥羽院に皇子の鎌倉下向を要請したが、実朝の死で幕府に不信感を抱いていた後鳥羽はこれを拒否した。代わって頼朝の遠縁にあたる三歳（数え年。以下同様）の三寅が摂関家から迎え入れられ、将軍家の継承者となった。のちの

源氏・北条氏関係略系図

- （源）頼朝 ＝ 政子
  - 頼家 ― 公暁
  - 実朝
- （北条）時政
  - 政子
  - 義時
    - 泰時 ― 時氏 ― 時頼
    - 朝時
    - 重時
  - 時房

九条頼経である。その一方で、かつて頼朝は御家人と朝廷との結びつきを警戒し、これを厳しく制御していたが、実朝の時代には武士と朝廷の関係は深まっており、後鳥羽院のもとには反北条氏の御家人たちが集まっていた（石井進「鎌倉幕府論」）。

幕府の内紛が武士同士の殺し合いに終始するうちは、勝者が幕府の実権を握るだけで、幕府の体制そのものが滅びることはなかった。だが、武士の内部対立が京都の朝廷と結びついたとき、幕府の滅亡が可能性として浮上する。この百十年後の話になるが、後醍醐天皇の倒幕運動に呼応して、幕府勢力は分裂し、足利尊氏以下の有力御家人たちのクーデターによって鎌倉幕府は突然の滅亡を迎えた（筧雅博『蒙古襲来と徳政令』）。朝幕関係は幕府にとって権威の源泉であるとともにアキレス腱でもあり、どのように朝廷と距離をとるのかが最大の課題だった。

一二二一年（承久三年）、後鳥羽院は幕府の内紛を見越して、北条義時追討の命令を武士たちに出した。だが、幕府は即座に大軍を京都に向かわせ、短期決戦で後鳥羽方に勝利した。いわゆる承久の乱である。このときどうして幕府が勝利できたのかは大きな謎であるが、頼朝の時代以来、一大事とあらば東国中から鎌倉に武士たちが「いざ鎌倉」と集まるような軍事動員のシステムがあり、それを活用して大軍を動員できたこと、先手必勝で京都に進軍したため、勝ち馬に乗ろうとする武士たちを集めることができたことなどが大きいのだろう。

乱後間もなく成立したとされる慈光寺本『承久記』という軍記は、東山道方面軍の大将だった甲斐の武田信光が、幕府軍として京都に向かっているものの「鎌倉が勝てば鎌倉に付こう。京方が勝てば京方に付こう。それが弓箭を取る身の習いである」と語ったと伝えている。乱後の畿内・西国では、有力な幕府方御家人と結託して、武士に寄付をして、紛争を有利に解決しようという動きが起こり、各地でトラブルが起きていた。治承・寿永の内乱のときと同じく、自らの利害によって動くという武士の心性は残っており、同様のことが繰り返されていたのである。

室町幕府の成立時につくられた「建武式目」は、「文治の時に源頼朝が初めて鎌倉に武館を構え、承久の時に北条義時が天下を併呑した」と述べている。鎌倉幕府は承久の乱の勝利によって朝廷を圧倒し、全国政権として確立したというのが、中世の人びとにとっても常識的な理解だった。確かに実態面をみても、承久の乱に勝利することにより、後鳥羽院方に付いた貴族・武士（西国の武士が多かった）の所領約三千箇所を没収し、畿内・西国にも幕府の権力が及ぶとともに、崩壊した後鳥羽院政に代わって全国政権としての役割を担うようになった。

朝廷を再建する幕府

ここで問われるのは、どうして幕府は朝廷を滅ぼすようなことをしなかったのかである。幕府首脳部は確かに後鳥羽院個人のことは強く警戒し、後鳥羽院を隠岐に、その息子の順

天皇家略系図（数字は皇位継承の順序）

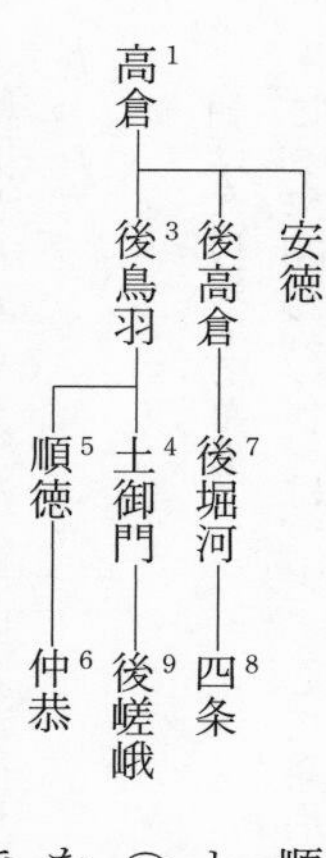

徳院も佐渡、土御門院は土佐（のちに阿波）に配流し、順徳の皇子でわずか四歳の仲恭天皇を退位させた。しかし、幕府は代わりに後鳥羽の同母兄を後高倉院（皇位にはついていないが院号を認められた）として院政を行わせ、その息子で十歳の茂仁王を即位させることで（後堀河天皇）、朝廷政治の維持継続を図った。なぜそうしたのかは、日本中世史最大の難問の一つだった。

一つの要因は、当時の社会の統合のしくみである。日本列島では大きな地域的まとまりが成長しにくく、京都から独立するような地方権力が生まれない構造になっていた（一五頁に前述）。政治権力も同じように分散的で、幕府もまた複数ある権門の一つに過ぎず、武士全体を統合しているわけではない。こうした権門や武士たちが依拠していた荘園制というシステムは、朝廷・天皇の存在を前提にしてつくられ、京都の支配者集団と全国各地の荘園を個別的・直接的に結び、列島社会を緩やかに統合していた。それ自体は強固ではないが、蜘蛛の糸のように粘り強く張り巡らされた統合のしくみを一掃して、新たな社会統合のしくみをつくることは難しかった。実朝の暗殺以降の急展開の結果、にわかに国政の中心を担うようになった北条氏に、新しい秩序を築くという発想はなく、源頼朝の路線を継承せざるを得なかったのではないだろうか。

さらに、承久の乱の勝利自体が、勝ち馬に乗る武士たちの動きに支えられたものだったことに注意したい。承久の乱後の幕府の課題は、かつて頼朝が直面したのと同じく、畿内・西国で私利私欲を追求する武士たちを抑え、秩序を回復することだった。諸権門の集まる京都には、後鳥羽院方に付かなかった貴族や大寺社の勢力も強固に残っており、新たに力を得た武士たちも官職を欲しがり、朝廷の権威に結びつこうとしていた。北条氏にとって朝廷を蔑ろにすることはできなかったのである。

将軍にならなかった北条氏

さて、ここで御成敗式目を読み解く案内人を紹介したい。中世には式目の注釈書が数多く書かれていた。主な注釈書は『中世法制史料集　別巻』（岩波書店）という史料集で読むことができるが、本書で頼りにするのは、鎌倉時代後期の六波羅探題の奉行人（官僚）だった斎藤唯浄（実名は基茂。「関東御式目」）と戦国時代京都の大学者清原宣賢（「清原宣賢式目抄」）による注釈である。不正確な箇所もあるが、中世の人の理解を探るうえで参考になる。鎌倉幕府の奉行人であった唯浄は何も語っていないが、清原宣賢のほうは、泰時は国政の実権を握りながら、自身は将軍の家臣、つまり天皇からみれば陪臣（家臣の家臣）の地位という微妙な立場にあり、将軍頼経も幼少で、ともに武士たちを抑える権威がなかったからだと明快に説明している。

現代の歴史家はしばしば「どうして北条氏は将軍にならなかったのか」を問いとして挙げるが、天皇を頂点とする中世人の身分意識から考えれば、北条氏はそもそも将軍に「なれなかった」と考えられている（村井章介『中世の国家と在地社会』）。この時代にももちろん身分上昇はあり、どうしても「なれなかった」と考えることはできない。しかし、さらなる上昇のためには、平氏のように高い官位を得たり、天皇の外戚になるなど、朝廷と密接に関係を結ぶ必要があった。前述したように、源頼朝の路線は、新たに成立した幕府という権力体を維持するためにも、鎌倉を本拠として京都・朝廷と一定の距離を置くというものだった。将軍の「後見」という立場で権力を確立した北条氏には、頼朝の路線を放棄し、鎌倉を捨てて京都に行き、自ら朝廷に接近するという選択肢はとれなかったのではないだろうか。

承久の乱の背景の一つは幕府の内紛にあるが、乱の勝利後も争いは続いた。実朝暗殺後は、初代将軍頼朝の妻だった北条政子が「後家」として事実上「鎌倉殿」（鎌倉幕府の主人）となり、弟の北条義時が政子のもとで政治運営を担っていた。一二二四年（元仁元年）の義時の没後にも北条氏の家督をめぐる争いが起こり、京都（六波羅）から帰還した泰時が政子の後援を得て跡継ぎとなるが、政子も翌二五年（嘉禄元年）には没した。政子の没後、三寅は八歳で元服して頼経と名乗り、翌二六年には征夷大将軍となる。頼経もまだ幼く、後鳥羽院政に代わって成立した後高倉・後堀河の朝廷も正統性を欠き、京・鎌倉ともに政情が不安定だった。

一二二五年に泰時は評定衆（重要政務や訴訟の審議メンバー）を設置して、有力御家人の合議体制をとった。御家人によって支えられた執権政治を象徴する出来事として、これまでその歴史的意義が高く評価されてきたが、有力御家人の支持をとりつけなければ幕府を運営できない泰時自身の立場の表れでもあったことに注意したい（上横手雅敬『鎌倉時代政治史研究』）。

その一方で、泰時は様々な法を制定していた。その延長線上に、一二三二年（貞永元年）の御成敗式目制定が位置づけられる。式目は制定直後から幕府関係者以外の人びとにも広く知られており、例外的に「有名な法」となった。式目は中世法・幕府法の典型例ではなく、むしろ例外的な性格を持つ。だが、どうして式目が「有名な法」になったのかは、案外きちんと問われてこなかった。そこで式目制定「前夜」をもう少し丁寧にみていくことにしたい。

新補率法

承久の乱の二年後、一二二三年（貞応二年）の新補率法は、新たな地頭得分（得られる収益）の基準を定めた法である。収穫前の六月に朝廷が官宣旨（公文書の一種）として発布し、七月に幕府はそれを施行している。御成敗式目に先立つこと九年前、式目よりも先に「有名な法」になったのは、この新補率法だった（追加法九〜一四）。

第一章でも説明したように、鎌倉幕府の地頭は、謀叛人の所領没収などを契機にして、元の「職」が地頭職に切り替えられたものである（二二頁に前述）。荘園領主への年貢納入などに関しては、元の「職」の権利義務を引き継ぐことが大原則だった。だが、承久の乱後、畿内・西国に大量の地頭が生まれ、多くの混乱が生じた。とりわけ、元の所職の得分が少ない場合、武士たちが困ってしまって、他の収益を得ようとして非法を行うことが問題化していた。そこで、彼らが非法を行わないように、承久の乱後の新地頭たちが一定の収益を得られるように定めたのだ、と官宣旨は述べている。元の「職」の権益を継承するか、新補率法の適用を求めるかは、新地頭が選択できた（安田元久『地頭及び地頭領主制の研究』）。

新補率法の内容は、①田畠十一町（一町の面積は約一ヘクタール）のうち一町は地頭分とし、②一段（一町の十分の一の面積）ごとに加徴米（一定の年貢以外に徴収する米）五升（一升は約一・八リットル）の徴収を認めていた。この宣旨を「施行」する関東御教書（鎌倉幕府が発給した文書）をみると、①②以外にも、③山野河海からの収益は、「折中」の法に従って、地頭と荘園領主・国司とで半々にすること、④犯罪者への財産刑による収益は、地頭が三分の一、荘園領主・国司が三分の二とすることなどを定め、また、⑤寺社は基本的には荘園領主の支配下にあり、地頭が「氏寺・氏社」を私的に支配することは認めるが、ほかは先例に従うこと、⑥公文・田所・案主・惣追捕使などの荘園現地の役人ポストについて、場所ごとに設置状況が多様で、一概にはいえないが、基本的には先例に従うこと、などが定められていた。新補率法の内容として、高校の教科書などでは①②③④が紹介されているが、③

④は幕府が独自に付け加えた内容である。

本来、荘園とは、個々の在地勢力と国衙、荘園領主などの利害調整によって設立されたものであり、個々の荘園ごとに事情は様々だった。鎌倉幕府地頭制の成立を契機にして、個別の事情に関わらない一般的な基準が必要とされたのである。一般的な基準として新補率法が出されると、それを一つの「目安」として、様々な利害調整などがなされるようになった。これは荘園制の歴史にとって画期的な変化である。この変化をもたらした新補率法こそが、幕府に様々な訴えが寄せられ、幕府の法と裁判が本格的に整備されていく原動力となった。

鎌倉幕府が独自に付け加えた③山野河海、④財産刑の収益に関する二つの規定は、その後の中世社会に大きな影響を及ぼしていく。

まず④についてみていこう。現在の警察であれば、公共の機関として税金によって運営され、警察官の給料も支払われる。だが、中世には、警察業務を担ったからといって、その給料が税金から支払われていたわけではない。警察業務を担う専門の役人（惣追捕使など）が設定される場合もあったが、そもそもそうした役人が設定されていない所領もあり、その場合は一般の荘官などが警察行為を行わなければならない。そのような状況のもと、犯罪者の財産を没収したり、罰金を徴収してこれらを収入としたりすることが、犯罪を取り締まることのインセンティブになった。しかし、それはしばしば警察権の乱用につながった。荘園年貢などのように明確に配分ルールが定められたものと異なり、臨時収入である財産刑・罰金は地頭にとって権益拡大の切り口だったためである。

新補率法では、軽犯罪への罰金のような日常的なレベルの警察業務でさえも、地頭と荘園領主の荘園権益をめぐる争いの中で、荘園制における権益の一つとなった。一二三一年（寛喜三年）に幕府は「盗賊」への罰金刑の基準を定め、盗品の価値が「銭百文もしくは二百文」の軽罪は、盗品の価値の二倍を罰金、「三百文以上」の重犯罪には、犯人の身柄に処罰を加え（中世には犯罪者を奴隷とすることも一般的だった）、その財産も没収してよいが、親類や妻子、所従には罪を及ぼさないこととしていた（追加法二一）。この法令があったので、翌年の式目第三十三条は強盗・窃盗の項目であるが「すでに断罪の先例があ」るとしている。

幕府以外の荘園領主や在地においても、この幕府法が参照されていた（『鎌倉遺文』六二五四号、六三三一号など）。地域ごとに慣行として犯罪者からの罰金徴収などが行われていたにせよ、新補率法やそれを前提にした幕府法が、罰金刑を社会に定着させ、処罰の相場観を形成していたのである。

③の山野河海や検断（警察業務）に関する権益に関しても、それまで荘園制の中で明確な位置づけを得ないでいたが、新補率法によって制度的な位置づけを得た。山野河海の権益に関して、折半するというルールは、在地社会にも広がり、地域レベルでの紛争にも適用されていく（藤木久志『飢餓と戦争の戦国を行く』）。これに関しても地域社会にこの新たなルールを持ち込んだのは地頭ではなかっただろうか。

「言い含める」法

現在伝わっている幕府法の最初は、承久の乱の翌年一二二二年（貞応元年）四月、諸国の守護や地頭による非法行為を禁止する「御成敗の条々」である（追加法一～六）。違反する守護・地頭は「改易(かいえき)」するので、このことを「存知(ぞんち)」するように武士たちに命じている。これは新補率法以前の事例であるが、このように武士たちに「言い含める」ことを命じる法の多さが、この時期の幕府法の特徴である。承久の乱後には後鳥羽院政も崩壊し、幕府の西国統治も未整備だったため、地頭・武士たち一人一人に「言い含める」ことにより、西国の秩序回復をせざるを得なかったのだろう。

ところが、最初に新補率法を活用したのは、「言い含め」られていた地頭・御家人たちであった。荘園領主の側でも新補率法の内容は知られていた（『鎌倉遺文』三一四九号）。新補率法は一二二三年（貞応二年）の成立直後から「有名な法」だった。単なる幕府の法令であれば、ここまでの社会的な広がりは持たなかっただろう。朝廷の宣旨で定められた新補率法の施行という形式をとりながら、新たに付け加えた法であるからこそ、地頭たちはこれを利用し、権威を持って広めることができたのである。新補率法によって紛争は収まるどころか、その適用をめぐって地頭と荘園領主との紛争はますます加速し、その紛争に対処するために北条泰時は、さらに法を制定せざるを得なかったのである。

嘉禄の新制

式目が「有名な法」になる「地ならし」をしたものに、新補率法とともに、一二二五年（嘉禄元年）の「嘉禄の新制(しんせい)」を挙げることができる。新制とは、平安時代以来、代替わりや天災に際して、朝廷が政治改革のために発した法令であり、「徳政」すなわち良い政治を意味していた。儒教的な天人相関説(てんじんそうかんせつ)（自然現象と人間の行為は対応関係にあるとする説）の影響のもと、良い政治を行えば、天変地異も収まると信じられていたからである。内容は贅沢(ぜいたく)禁止や身分秩序の回復など多様であるが、状況に応じて変わる。

朝廷による「嘉禄の新制」を遵守するよう幕府は諸国御家人に命令し（追加法一五～一七）、誘拐(ゆうかい)（「勾引(かどい)」）と人身売買が禁止されている。誘拐や人身売買の禁止は御成敗式目には規定がみえない。これらは「嘉禄の新制」で禁止されており、内容が重複するからだろう（人身売買については一五六頁で後述）。こうして朝廷の新制を取り込むかたちで、武家法のシステムがつくられた（保立道久『中世の国土高権と天皇・武家』）。新補率法と「嘉禄の新制」が、武家法の出発点であるといえるだろう。のちに式目が有名になってしまった結果、これらは忘れられていくが、決して式目から武家法が始まったわけではない。

地頭・御家人たちは、荘園現地において新制を根拠にして誘拐や人身売買を取り締まり、財産刑を科し、自分の権益としていた。新補率法にせよ嘉禄の新制にせよ、法が出て、それが周知されたからといって実効性を持つわけではない。それによって権益を得ることのできる地頭・御家人たちがその法を運用しようとした結果、社会の中で定着して、実際に周知のものになっていくというプロセスを見落とすことはできない。

さらに幕府は朝廷の新制を実行するだけではなく、自ら新制を出すようになっていく。御成敗式目自体が幕府による「新制」という側面を持っていた。いよいよ式目の制定をみていくことにしたい。

北条泰時の書状

執権北条泰時は御成敗式目を制定するとともに、式目制定の事情について京都にいる弟の北条重時（しげとき）に書き送っている。重時は、鎌倉幕府が京都に代理人として置いた六波羅探題である。泰時は重時のほうから朝廷関係者に釈明するように求めている。このときの泰時の手紙が二通伝わっており、式目を理解するうえで重要な手掛かりになる。二通とも若干の漢字交じりの仮名（かな）書きで、式目や幕府法（「追加法」）を集めた書物（「追加集」）に収められ（第四章コラム〔一〇一～一〇五頁〕参照）、現在に伝わっている。鎌倉幕府・室町幕府の役人たちにとって、式目制定の趣旨を伝える泰時の書状が式目とともに重んじられていたのである。立法者が法の制定意図を書状にしたためて他者に説明するということ自体、前近代日本の法の歴史において他に例をみない稀有な出来事だった。

泰時の一通目の書状（八月八日付）は、式目を一部送り届けるとともに、律令法があるにもかかわらず、式目を制定した理由を述べたものである。長くなるが、現代語訳（『中世政治社会思想』上巻の頭注と古澤直人『中世初期の〈謀叛〉と平治の乱』所収の逐語訳をもとにした試訳）を示す。

人びとの訴えを裁くとき、同様の論点を持つ訴訟であっても、強い者は訴えが認められ、弱い者は打ち捨てられてしまうものなのを、ずいぶんと念には念を入れて（公平になるように）審理していますが、（それでも）おのずから訴訟当事者の強弱に従って軽重などが生じてしまわないように、あらかじめ「式条」をつくりました。その（式条の）写しを一部お送りします。このようなことは、もっぱら律令格式（きゃくしき）の法文に従って、裁判をするべきなのですが、田舎（いなか）には律令のことをだいたいでも知っている者は、千人万人に一人でさえもいないのです。犯してしまえばたちまちに罰せられることが分かりきっている盗人・夜討（ようち）のような罪でさえも企（くわだ）てて、破滅してしまう者がたくさんいます。まして法令の中身を知らない者が罪の意識もなくしでかしてしまってきたことを、裁判のときに律令格式の法文に準拠して（幕府が）判断するのであれば、（その者からすれば）鹿（しか）を捕らえるための落とし穴のある山に入って、知らずして穴に落ちてしまうようなものでしょう。このためでしょうか、大将殿（源頼朝）の時代には、律令格式に準拠して裁判することなどありませんでした。代々の将軍の時代もまたそうしたことはなかったので、今日でもその先例を手本としてまねているのです。

武士たちが法を知らなければ非法を犯してしまうから、武士たちに従わせる法を定めたという論理になっている（なお、式目を式条と呼んでいることは五七頁以下に後述）。もちろん律令法は存在するが、武士たちのほとんどが律令法を知らず、幕府も頼朝の時代以来、慣習をもとにして裁判を行ってきたので、改めて成文法をつくり、武士たちに周知させたい、と述べている。なお、律令の追加法例である格、役所ごとの施行細則である式を総称して格式という。

泰時は続けてこう述べる。

結局のところ、従者が主人に忠義をなし、子が親に孝行をし、妻が夫に従うならば、心が曲がっている人を退け、正直な人を賞して、おのずから民衆を安心させる計らい事となるでしょうと思って、このように式条をつくりましたところ、京都の辺りにはきっと「物を知らない夷戎（えびす）（東国の田舎者）たちが書きまとめたものだな」とお笑いになる方もいらっしゃるでしょうと恐縮しておりますので気がひけることですが、あらかじめ（式条を）定めなければ、当事者の強弱によってきっと裁きに違いが生じてしまうでしょうから、このように制定しました。関東御家人・守護所・地頭にはあまねく披露して、この意図を心得させてください。とりあえず（式条を）書き写して、守護所（・地頭）には個別に配って、各国内の地頭・御家人たちに言い含めるようしてください。この式条に漏れたことがありましたら、追って書き加えるつもりです。あなかしこ。

泰時が重時に対して、西国の守護に写しを配布して、よく周知するようにと伝えていることにも注目したい。武士たちが法を知らないために罪を犯してしまうことを恐れているという泰時の発言もこれに関わる。しばしば御成敗式目は武士の権利を保護するための法であると論じられてきた。しかし、まずこの式目の目的は、武士たちに非法を起こさせないことを目的としていたことに注意したい。そのためにこそ武士たちを「言い含め」て教化していくことが必要だったのであり、式目は、承久の乱後における武士非法の統制、「言い含める」法の系譜を引くものだった。繰り返して述べるように、中世の法として周知徹底を目指すのは例外的であり、そうしなければならないという危機意識があったのである。

寛喜の大飢饉と新制

御成敗式目がつくられた一二三二年（貞永元年）当時、日本列島は歴史的な大飢饉に襲われていた。後世「日本国の人口の三分の一が死に絶えた」と語り継がれた寛喜の大飢饉である（『立川寺年代記』）。寛喜という年号は、一二二九年に飢饉を理由にして安貞より改元されたが、翌年も長雨と冷夏となり、一二三一年には大飢饉となって、京中は飢え死にした人びとの死体が腐臭を放つ状況であったという。三〇年代末までその影響は残り続けた。また、年貢の納入などが大打撃を蒙る中で、地頭と荘園領主などの間で荘園権益をめぐる紛争が激化し、幕府法廷における訴訟も増えた。ある意味で承久の乱よりも深刻な危機だった。

このとき朝廷で政権を担ったのは九条道家である。将軍九条頼経の父親である道家は、京と鎌倉にまたがって大きな政治的な影響力を行使していた。一二三一年（寛喜三年）、道家のもとで朝廷は「寛喜の新制」を発している。神事・仏事の興行と寺社修造、朝廷公事、贅沢の禁止、身分に応じた服装の規定、警察・治安維持の強化などの内容を持ち、飢饉に対応して政治改革を行う姿勢が示されていた。

朝廷の新制に先立って北条泰時は幕府に仕える人びとに贅沢の禁制を出していた（『吾妻鏡』寛喜三年一月二十九日条）。その禁制の内容は現在知られていないが、続いて御成敗式目は、第一条に神社、第二条に寺院の修復を掲げており、明らかに「新制」の形式が意識されていた。一一五六年（保元元年）の保元の乱後の保元新制によって記録所が設置されたように、訴訟制度を改革して、社会秩序を本来あるべき姿に戻すこともまた新制の眼目だったことに注意したい。式目は裁判の基準を示して「理非」に基づく公正な裁判を強調するという点においても、まさしく「新制」であり、徳政だったのである。

式目制定の翌年、一二三三年（天福元年）には道家は「徳政奏状」を天皇に提出し、式目と同じく「理非」に基づく裁判を政治改革の眼目に挙げている（七一頁で後述）。社会的な危機に対応して、朝廷と幕府が連携して政治改革を行うことは、鎌倉時代の大きな特徴だったが、式目はまさにその一環だった。

人身売買の法

しかしながら、この寛喜の大飢饉に際して、朝廷と幕府の対応には明らかに差異があった。朝廷ができることは、神仏に祈ることだった。それに対して、幕府は裁判の基準づくりをはじめとして、人びとの実情に踏み込んで、人びとの生存のために様々な施策をとった。その具体的な施策として、朝廷は人身売買を禁止するという原則を維持していたのに対して、幕府は人びとが生きていくために身売りするのを公認したのである（磯貝富士男『日本中世奴隷制論』）。

人身売買に関する法令は広く伝達されていた。幕府が飢饉時の人身売買を容認したため、飢饉の終息後、飢饉時に売却した妻子を取り戻そうとする訴えが幕府になされることになる。幕府は少なくとも畿内・西国では本来そうした人身売買の裁判を行う立場にはないが（東国では「雑人奉行」を設置し、庶民の訴えも受理していたが）、訴人（原告）にすれば「あなたが定めた法によって妻子を売ったのだから、妻子を取り戻すための裁判もあなたが扱ってください」ということなのだろう。
一二三九年（延応元年）、九条道家を首班とする朝廷からは、朝廷法の原則に従って人身売買の再禁止をするようにという申し入れが幕府になされていた（追加法一一五）。これに従って、幕府は今後の売買を禁止する命令を出している（追加法一一四）。幕府は和泉国守護に対して国内の市場に高札を立てて、人身売買禁止を周知するように命じている（追加法一四二）。おそらく他の国でも同様で、朝廷の命令に基づく新制やその変更に関しては、幕府は高札を立てるなどして周知していたのである。

国内に高札を立てるだけではなく、「嘉禄の新制」によって人身売買を取り締まる職務（とそれにともなう罰金などの権益）を持つ諸国の守護・地頭にも当然伝達されたと思われる。先の北条泰時書状にも記されていたように、泰時は式目の写しを守護所に配布して、国内の地頭にも知らせるように指示していた。それがどこまで実行されたのか定かではないが、一般の幕府法とは異なり、式目に関しては周知の姿勢をとったのは、式目が飢饉時の新制を意識した法だったからではないだろうか。そしてそれに実効性を与えたのは、新補率法や嘉禄新制がすでに社会的に広がりをみて、幕府法が広がる地ならしができていたからだった。

もう一つ、式目と新制の共通点を挙げるならば、式目が制定以前のことに効力を及ぼさないという原則を持ったことである。式目の古写本の巻首には「以前裁決したことは（この式目によって）改めるに及ばない。今後はこの状（式目）を守るべきである」という前書きがある（植木直一郎『御成敗式目研究』）。本書九頁掲載の写真参照。なお、この前書きは不易法すなわち再審理禁止を指すとするのが通説であるが、そう考えると「今後はこの状（式目）を守る」という後半部分がうまく理解できないので、本書では採用しない）。この前書きが制定時点からあったかは定かではないが、ある後家の再婚が式目第二十四条違反だという訴えがあったとき、式目制定以前の再婚は適用外であるという判断が下されていることから（『吾妻鏡』仁治二年六月二十八日条）、制定後比較的早い段階で、制定以前のことに式目を適用して処罰することはしないという方針がとられていたようである。「不遡及の原則」（法の制定以前のことにその法を適用できない）は、人の処罰はあらかじめ定められた法に基づかなければならないという罪刑法定主義とも関わって近代法・人権の基本である。式目の場合、訴訟が増えることを予防するためという意図に加えて、新制という法形式の影響もあるように思われる。

改革の一環として出される新制が、法の効力において時間を区切ることは、権力の側からみたとき、実効性を高める目的がある（高谷知佳「平安京・京都の都市法と公共領域」）。その一方で、法を受け入れる人びとの側からみたとき、「新しい法」であることが印象づけられたことだろう。中世人は自分たちの時代を末世と感じ、昔はよかったと口にして、先例を気にする一方で、ご都合主義的で、新しい法を受け入れ、権力者による改革に飛びついてしまう一面を持っていた（笠松宏至『法と言葉の中世史』）。そうした心性を持つ中世人にとって「新しい法」である式目は魅力的に映っただろう。

式目「執筆」円全

一二三一年（寛喜三年）六月、寛喜の大飢饉のさなか、鎌倉では由比ガ浜の鳥居の前で「風伯祭」という陰陽師の祭祀が行われていた。甚大な被害をもたらした風害に対処するためだった（『吾妻鏡』寛喜三年六月十五日条）。関東では初めてだったが、同時期に京都でもこの祭祀を行っており、鎌倉・京都で連携して自然災害に立ち向かおうとしていた。その「風伯祭」の祭文の草案をつくったのは、法橋円全という人物だった。

北条泰時のもとで御成敗式目を実際に作成したのは誰であるか、後世には様々な伝承が生まれるが（二二二頁に後述）、『吾妻鏡』によれば泰時は評定衆の三善康連に制定を命じ、法橋円全が「執筆」したという（貞永元年五月十四日条）。『吾妻鏡』では「執筆」は「清書」とは区別されており、文書作成の中心を担ったことを意味する。

円全がどういう人物かは長らく不明で、従来の式目成立論でも注目されてこなかったが、朝廷の外記（書記官）だった中原師澄の子で、歌人でもあったことが近年明らかになった（佐々木紀一「関東中原氏家伝と系図の展開について」）。師澄は中原氏でも傍流で、出世に恵まれず、社会階層としては鎌倉下向前の大江（中原）広元や三善康信と同程度だった。式目制定を命じられた三善康連は康信の子である。京都ではうだつの上がらなかった中下級の役人たちは、その行政・文筆能力を活かして鎌倉幕府に仕え、自らの「家」を起こすことができた。幕府のほうでも彼らを活用することによって、朝廷をモデルにして政権の陣容を整えることができたのである。

師澄は鎌倉に仕えた形跡はなく、子の円全もいったん出家して法橋（僧の位の一つ。法眼に次ぐ）となっていた。たとえば、木曽（源）義仲の書記として知られる大夫房覚明（信救得業）も、おそらくは朝廷の中級役人出身で、延暦寺や興福寺の学僧となり、『平家物語』の成立にも影響を与えたとされるなど、様々な伝説を持つ人物である（太田次男『旧鈔本を中心とする白氏文集本文の研究』下巻）。このように朝廷の中級役人と寺院社会の学僧たちとは階層的に重なりあい、書記として新興の武家にも仕えていく。彼らは公家・武家・寺社勢力から成る中世国家を実務から支える存在だった。

『吾妻鏡』をみると、円全は様々な先例調査と意見具申を行うほか、大江広元の遺した関連文書の調査・整理、信濃善光寺の運営ルールを泰時が示した「七箇条の式目」の文案作成など、法令を含む文書作成・管理の専門家として、幕府を舞台裏で支えていた。こうした人物が、式目の作成とともに、「風伯祭」祭文作成に関わっている事実は、寛喜の大飢饉のさなかに生まれた式目の歴史的性格を考えるときに象徴的であると思う。

気候変動・自然環境と人間

近年の歴史研究では、生態や気候あるいは疫病への関心が高まっている。理系との学際的な研究のもと、新たなデータに基づき、人間と自然環境の関係史が新たに描きなおされつつある（中塚武監修『気候変動から読みなおす日本史』全六巻）。こうした動向のもと、式目が寛喜の大飢饉のさなかに制定されたという事実に注目が集まりつつある。「承久の乱に勝利した幕府が『武家の世』の象徴として式目を制定した」という歴史像は、幕府中心で、多様な政治権力・集団から成り立つ中世社会全体を見据えていないだけではなく、人間中心、いや権力者中心の見方でもある。改めて寛喜の大飢饉の中で式目が制定されたという事実に目を向けていく必要がある。

　中世には繰り返されるパターンではあったが、気候変動によって社会秩序が根幹から崩されつつあった。治承・寿永の内乱において、源頼朝が優位に立った一因として、養和（ようわ）の大飢饉（一一八一年〔養和元年〕）の影響があったことが指摘されている。社会秩序を新たに立て直そうとするとき、朝廷とは異なって、より社会の実情に対応した幕府の権力は、人びとにとって大きな拠り所（よりどころ）になっただろう。

　本章では、新補率法や「嘉禄の新制」が地ならしをし、式目によって規制される対象である地頭・御家人自身が法を利用して広げていく側面などもみてきた。これらは、式目が出され、「有名な法」になることを可能とする前提条件となった。しかし、決定的であったのは、大飢饉によって社会が破滅に向かう中で、「新しい法」として式目が出され、秩序の再建とともに人びとによって利用されていくタイミングにこそあったのではないだろうか。式目が日本史上最も「有名な法」として歴史に躍り出る秘密はそこにあった。

第三章　「道理」の法

「道理」好きの北条泰時

さて、ここまで読んだ人は、御成敗式目に関して、ずいぶん違ったイメージを持たれたことだろう。式目といえば、武家社会の「道理」をもとに、社会の慣習を成文法（文字で書かれた法）としたものであり、中国から導入された律令法と比べて、人びとの生活に根差した「生きた法」であるかのようなイメージがあった。本当に社会の慣習に根差したものだったのかどうかは、のちのちみていくとして、そもそも「道理」とは何だろうか。

御成敗式目をつくった北条泰時といえば「道理」の人だというイメージは、鎌倉時代の人たちも持っていた。泰時が亡くなったとき、ある貴族は日記に「性格は廉直で、道理を第一に考えていた」と記していたし（『民経記』仁治三年六月二十日条）、一二八〇年（弘安三年）前後に成立した仏教説話集の『沙石集』によると、泰時は「道理ほど面白いものはない」

といって、人が「道理」を申すことがあれば、涙を流して感動していたという。泰時は「道理」という言葉がとにかく好きだったらしい。

　泰時が自らの言葉で「道理」を語っているのは、京都にいた弟の北条重時に宛(あ)てて式目の制定意図を伝えた二通の書状のうち二通目（九月十一日付）である。一通目は第二章で紹介したように、京都のほうから笑われるのを覚悟のうえで、それでもあらかじめ「式条」を定めなければ、公平な裁判ができないのであると述べている。だが、それに対して、京都では大きな反発があったようである。それを受けて泰時が再び送った二通目の書状の中で「道理」は登場する。長くなるが、そのくだりを現代語訳で示す。

> 訴訟で裁くべき条項を記した文書には「目録」と名付けるべきなのですが、そうはいっても政治に関することも書き記しておりますので、執筆した人びとが気をきかせて「式条」という字を当てましたところ、その名称を大げさにも思いましたので「式目」と書き換えました。そうした事情をご承知おきいただけますでしょうか。さて、この「式目」をつくりましたことについて、「何を『本説(ほんせつ)』として書き記されたのか」と（京都の）人はきっと非難を加えることでしょう。その通りで、これといった「本文(ほんもん)」に頼ってすがることはしていませんが、ただ「道理」の示すところを記したものです。このようにあらかじめ定めませんと、あるときには、訴えが正しいかどうかを二の次にして、

訴訟当事者の強弱によって（判決が左右され）、あるときには、すでに判決のあった訴訟を素知らぬ顔をして裁判で再び取り上げることになります。ですので、あらかじめ裁判のやり方を定めて、依怙贔屓（えこひいき）なく裁定するために、詳しく記録しておいたものです。

泰時は明言していないものの、一通目の書状とともに送られた御成敗式目をみた朝廷関係者からの非難があり、「式条」という名称が問題にされたようである。「式目」の「式」とは、朝廷法である律令格式（きゃくしき）のうち、役所ごとの施行細則である「式」に倣ったものである。何が問題だったのだろうか。

式条か式目か

ここで改めて律令格式について確認しておこう。いずれも中国で発展した法制度で、古代の日本は中国を模倣した。律とは刑事法、令とは行政法に相当するといわれるが、中国ではまず刑罰の規定が法として発展した。それが「律」である。そして、皇帝を頂点とした中央集権体制を整備する中で、皇帝の代わりに民衆を統治する官僚たちの従うべきルールとして整備されたのが「令」である。

この律令が基本となるが、それだけでは膨大な官僚制度は運用できず、また次々と新しく生じる問題に対応できなかった。そこで個別の単行法令が出されたり、役所の部署ごとの施行細則の先例・ルールが形成されたりしていた。この個別の単行法令を集積・整備したのが「格」で、役所ごとに施行細則となる先例・マニュアルが集積されたのが「式」である。律令は八世紀冒頭に導入されるが、律令法の運用に関わる格式が整備されるのは平安前期（九世紀）であった。いわゆる弘仁（こうにん）・貞観（じょうがん）・延喜（えんぎ）の三代格式が広く知られている。特に「延喜式」（九二七年〔延長（えんちょう）五年〕撰進（せんしん））は、式の集大成として百科便覧的な趣きを持ち、中世の朝廷でも儀式や年中行事の典拠として尊重されていた（虎尾俊哉『延喜式』）。

このうち「式」の名前を選んだのは、律令格式という朝廷の法に連なりながら、その秩序のもとにある一組織であるという幕府の自己規定を反映していたという説もある。ところが、「式条」という呼称が朝廷には不評であったようだ。当時「式条」といえば、朝廷の法、特に権威のある延喜式を指していた（朝廷の新制でも延喜式が「式条」として引用されている）。社寺を冒頭に掲げるという「新制」に倣った形式とともに、朝廷の法と並ぼうとする意思の表れであると受け取られてしまったのかもしれない。少なくとも朝廷の側でそのようにケチをつける人間がいたようである。

この時期の朝廷側の史料には式目制定に関する記録が一切見えない。泰時から朝廷関係者への報告は、きわめて内々に行われていたようである（杉橋隆夫「御成敗式目成立の経緯・試論」）。その相手は、この時期、朝廷政治を主導しながら、鎌倉幕府将軍九条頼経の父親として公武にまたがる権勢を誇った九条道家ではなかっただろうか。道家は承久の乱のとき後鳥羽院に近い立場にあって、乱後に失脚し、北条氏からも警戒されていたが、新王家（後高倉皇統）が安定しない中、政権に返り咲いていた。式目の制定された一二三二年（貞永元年）閏九月、後堀河天皇は二歳の四条天皇に譲位し、道家は四条天皇の外祖父（母方の祖父）となった。四条天皇への譲位に幕府が二度「不快」を表明したのにもかかわらず、道家がこれを強行するということがあった。道家と泰時は寛喜の大飢饉のさなか、それぞれ新制を出し徳政（政治改革）に意欲的だったが、両者の間には微妙な隔たりがあったのではないだろうか。

京都の反発を知った泰時は、「式条」を「式目」と改めている。「式目」とは「条々」（式の「目録」であり、「一、……の事」という事書形式に「右……」と本文が付けられるという五十一箇条の式目の形式に即している。「目録」とは、リストのことである。敢えて軽い意味の言葉を選んだというのが一般的な理解であり、一見して京都に遠慮して謙遜しているようにみえる。この「式目」の語は御成敗式目によって一躍有名になった。

ところが、その後も式目は「式条」と呼ばれ、現在でも式目の別称として知られている。式目本文にも式目を指して「式条」と表記している箇所があるし（第五十条など）、式目制定の翌年、高野山の僧侶たちが幕府に提出した訴状の中で、式目のことを「式条」と記している（『鎌倉遺文』四五三四号）。泰時の側でも「式目」でも「式条」でもどちらでもよく、「式目」と名づけたのも、ケチをつけてくる朝廷関係者（おそらくは九条道家）をはぐらかしたという程度のことかもしれない。しかし、そうした経緯で採用された「式目」という言葉が、日本史上最も有名な法の名前として後世に伝わっていくようなところに、著者は歴史の面白さを感じるのである。

本説・本文とは何か

さらに、京都の側からは「式条」という名称に続いて「この式目は、何を『本説』として書き記しているのか」という非難があったらしい。これに対する釈明として、泰時は「きちんとした『本文』に基づくものではなく、ただ道理の示すところを記したもの」であると述べている。

「本説」や「本文」とは、依拠するべき原典を意味する（新田一郎『律令・式目』）。古代中国の儒教の伝統では、四書五経と呼ばれる古典こそが「本文」であり、その「本文」に記された語句に注釈を積み重ねていくことが学問であった。同じようにして、古代日本の法律家たちも、律令を「本文」として、その語句に注釈を付け、裁判の意見書や判決文においても、律令格式を引用して、それをもとにして議論をするということが求められていた。古代中国の律令が皇帝の代替わりや王朝ごとに新たにつくりなおされていたのに対して、日本では養老律令が七五七年（天平宝字元年）に施行されたのちは、新たに律令がつくりなおされることはなく、注釈が積み重ねられていった。

日本では法典が立法者と結びつけられて神聖視され、それをつくりなおすという動きが起こらなかった（坂上康俊「古代の法と慣習」）。養老律令の場合、摂関家となる藤原氏の祖である藤原不比等の顕彰と不可分であり、聖徳太子（厩戸王）の十七条憲法や北条泰時の御成敗式目も同じである。しかし、法典が「不磨の大典」と化したとしても、社会の現実は大きく変化していく。平安時代を通じて、律令の専門家たちは、律令格式の「本文」を解釈するという建前を守りながらも、社会の変化に応じ、戦後の「解釈改憲」どころではない律令法の原則の変更を時には平然と行いながら、新たな中世法を生み出していった（棚橋光男『中世成立期の法と国家』）。

律令法の解釈に基づいた新しい中世法を示すものが、院政期に成立した『法曹至要抄』という法書だった。律令法の解釈を家学とする坂上氏・中原氏によるもので、坂上明兼が執筆したものを孫の明基が増補したものと考えられている。当時問題となっており、律令法の法律家に必要とされた事柄に関する説の集大成であり、中世の公家法・貴族社会に大きな影響を与えた。坂上明基は一二〇七年（承元元年）には後鳥羽院に命じられ、裁判マニュアルとして『裁判至要抄』をつくったほか、鎌倉幕府の依頼を受けて『法曹至要抄』の中の民事関係の記事を抄出して幕府に提出したとされる。鎌倉初期の公家法・武家法に大きな影響を与えた法律家である。泰時は執権就任後、律令法の注釈・解説を「目安」すなわち事書形式で分かりやすくまとめた本を読んで勉強しており（『吾妻鏡』元仁元年十二月二日条）、院政期・鎌倉初期の法書を踏まえて式目を作成したといわれている。

しかし、泰時らが制定した式目は、律令法を学んだうえで、それらが社会から乖離していることに意識的だった。律令「本文」に注釈・解釈を積み重ねていくことを通じて新たな法を生み出していく古代の法伝統とは決定的に異なるものだった。このことは貴族を驚かせたであろう。これに対する返答として、泰時は自分は律令の「本文」に「すがり」つくことはせず、「道理」に基づいて「本文」とは異なる新たな法を書き記すと宣言したのである。「道理」という言葉が、律令の「本文」を持たないという批判への開き直りという文脈で登場することに注意が必要だろう。さらに泰時は律令に「すがり」つく京都の人びとを舌鋒鋭く批判していく。

仮名しか知らないような者のために

この「道理」と関わって、式目は「仮名」しか知らないような者のために書いたと、泰時は述べている。再び書状の続きを引用しておこう。

> この式目は、「法令」(律令格式)の教えに違うところなど少々ございますが、たとえば律令格式は「真名」を知っています者にとって、ほかならぬ漢字(真名)をみるようなものです。「仮名」しか知らない者にとっては、「真名」に向かいますときは目を傷めつ

けるようなものですので、この「式目」は、ただ「仮名」だけを知る者が世間に多くいますように、あまねく人びとに理解しやすいように、「武家の人」への計らいのためだけなのです。これによって「京都の御沙汰」「律令の掟」は少しも改まるはずはありません。およそ「法令」の教えは素晴らしいものなのですが、武士・庶民を問わず、律令格式に通じている者は百人・千人に一人もいないでしょう。そこで誰も知らないのに、(裁判のときに)突然「法意」によって正しいか否かを考えますとき、律令法の専門家たちが恣意的に律令格式の条文を引用して意見し、その意見書は(時や人によって)まちまちであるために、人びとはみな迷惑しているといいます。したがって「文盲」の者もあらかじめよく考え(ることができるように)、裁判も(時や人によって)ころころ変わったりしないように、この「式目」を書き置きます。京都の人びとの中に非難を加える方がいましたら、この趣旨を承知して、御問答なさってください。恐々謹言。

式目は「本文」を持たないと非難してきた京都の人びとを泰時は逆に批判している。すなわち、律令格式を知っている人はほとんどおらず、律令法の専門家たちが誰も知らない法文を恣意的に引用・解釈し、その意見が(それこそ当事者の強弱に応じて)一定しないので、人びとが「迷惑」している、と。今風にいえば、律令格式のせいで法的安定性が損なわれてしまっているのであり、だからこそ「武家の人」のために式目をあらかじめ制定しておくのだ、と。

一般的にいえば、真名は漢字で、仮名は平仮名・片仮名を指すが、式目は仮名しか知らないような者のためにといいながら、漢文で書かれている。武士とは「仮名しか知らないような者」だという泰時書状の一節に加えて、承久の乱で幕府軍が京都に迫ったとき、後鳥羽の院宣が幕府の軍勢に届けられたが、幕府軍の中に院宣を読み上げることのできる武士が一人しかいなかったというエピソード（『吾妻鏡』承久三年六月十五日条）をもとにして、当時の武士たちは文字を読むことができなかったと、かつて論じられていたこともある。

だが、実際には当時の武士たちは、経営者として文章や法律を利用することができた人たちだった。承久の乱の際の挿話もまた、幕府軍に加わって最前線にいた武蔵国（東京都、埼玉県および神奈川県北東部）の中小御家人の中にも、院宣を読み上げる作法を知った者がいたということを示すものである。もちろん貴族たちのように、中国の古典（漢籍）を踏まえてきちんとした文章を書くことはできなかったかもしれない。だが、現在でもそうだが、文字を読める・書ける能力には、様々な段階がある。その中で、泰時が「仮名しか読めない」というのは、一種の喩えであるとともに、「道理」と同じで、京都の側からの批判をはぐらかし、式目制定を合理化するのが目的だったのではないだろうか。

式目の中の「道理」

さて、御成敗式目の中では「道理」という言葉はどのように使われているのだろうか。式目には泰時以下の評定衆が連署した起請文（書いた内容を神仏に誓う文書）が付属するが、その起請文に五箇所使われているほかは、五十一箇条の本文の中で三箇所用いられている（第六・十六・三十一条）。

たとえば、第三十一条では「道理がないことで御成敗を蒙らない者が、奉行人の依怙贔屓だと訴えることについて」という事書に対して、本文では「その『理』がなくて裁許を得られない者が……」と言い換えている。

「理がある」「理がない」という言葉は、この時代には、当事者の主張への判断、つまり裁判における勝訴・敗訴と結びついていた。「得理」は「勝訴する」という意味だった。第三十一条の「道理」は「理」と言い換えられており、別段「式目は道理に基づく法である」ことを意味する言葉ではない。第六条の用例も同様である。

第十六条は、以前の持ち主が「相伝の道理」に従って没収地を賜りたいと要求する場合を述べている。この第十六条のように「相伝の道理」という表現は院政期以来、多くみえる。しかし、この部分だけみると、「道理」が何らかの慣習法と結びついているようにもみえる。

第十六条は「すでに承久の乱のときの京方知行はあまねく没収されている。どうして、そののち新恩として与えられた領主を退けて、古い由緒を問題にする必要があろうか。今後はそのような『濫訴』を禁じる」と述べる。つまり「相伝の道理」という古い由緒を持つ者の訴えを「濫りな訴え」として退けていることに注意が必要である。
第十六条において、当事者の主張する「道理」が退けられていることは、「道理」というものの相対性にも気づかせてくれる。何か明確な基準の下に、「道理」とそうではないものが弁別されるのではない。異なる「道理」が争う中で、個別の事情に即して総合的な判断を下すことが必要だった。

先に紹介した説話集『沙石集』は、次の話を載せる。泰時が執権の頃、ある御家人の家で父親の所領をめぐって兄弟の争いが起こった。父親は貧しくて、所領を他人に売ってしまったが、長男はこれを買い戻して父親に渡した。ところが、父親は弟に所領を譲ってしまった。兄は幕府に訴え、弟も召喚され、幕府の審理があった。泰時は「兄は長男で、幕府に奉公している。その主張に『道理』はあるが、弟も父親の譲与を得ていて、ともに言い分がある」として、律令法の専門家に尋ねたところ、「父親がすでに弟に譲ったのは理由があるのだろう。幕府への奉公は他人にとってのことである。子としての奉公は親への孝行である。弟の主張が『道理』である」と述べた。そこで泰時は弟に権利を保障する文書を与えたという。

式目の第二十二条や第二十六条は、所領をどの息子に譲るかは父親に権利があることを示したものだが、これはそうした原則に対応する説話である。この話には続きがあり、泰時は兄を不憫に思って、「もし将来、知行者のいない所領が出たら、その所領を与える」といって、自分の家に置いて生活の面倒を見ていたという。泰時が式目の原則に従うとともに、バランスをとろうと努めていたことも分かる。その一方で、この説話からは、ある権利をめぐる争いにおいて、それぞれの当事者に「道理」があるのに、裁判の場では、どちらかの「道理」を認めなければならない場面があることを伝えてくれる。何らかの原理原則や一定の基準を定めて、それに即して一律に判断を下すのではなく、個別の事情に即して総合的な判断を考えることが、「道理」に基づく裁判だった（新田一郎『日本中世の社会と法』）。

裁判するのも命がけ

　御成敗式目制定にともなって評定衆が神仏に誓いを述べた起請文の中で、「道理」は次のように使われている。すなわち、評定の場において、同輩を憚（はばか）ったり、有力者を恐れたりすることなく、「ただ道理の示すところ」に従って「心中で思っていること」を発言するようにという一節がある。この「道理」は、評定衆のメンバー一人一人の内面で、妥当だと思っていることを指しているようである。ここで重要となるのは、評定衆として結論を出した後は連帯責任となることである。

　式目が想定しているのは御家人同士のトラブルである。武力行使を辞さない荒々しい武士たちの紛争を裁判することは、裁判する側にも身の危険を感じさせることであった。

　一二四一年（仁治二年）、上野国三原荘（みはらのしょう）と信濃国長倉保（ながくらのほ）の境相論（さかいそうろん）（境界をめぐる紛争）が、有力御家人である海野幸氏（うんのゆきうじ）と武田光蓮（たけだこうれん）（信光）の間で生じていた。この時期の幕府は、本来は朝廷が定めていた二国間の境相論をも（少なくとも東国では）裁くようになっていた。北条泰時は式目に従って幸氏に有利な裁決を与えた。ところが、光蓮が泰時に遺恨を抱き報復しようとしているという噂が立った。その噂を聞いた泰時は、「人の恨みを顧みて理非を分別しないことは、政道に背くものである。（中略）去る建暦年間、和田義盛が謀反を企てたとき（一二一三年〔建保元年〕の和田合戦）、四人であった和田胤長の赦免を求めて、一族が列参することがあったが、許さなかった。（中略）無私の先例がこのようにあるのだ」と述べたという（『吾妻鏡』仁治二年三月二十五日条）。

武田光蓮はこのことを聞いて陳謝し、異心がないという申し開きをした。そして「子々孫々に至るまで悪事を企てない」という起請文を書き、泰時に献上した。泰時はその起請文を評定衆に披露したうえで、当参の評定衆をはじめとして御家人の一族の家長たちからも起請文を提出させたという（『吾妻鏡』同年四月十六日条）。

この挿話は、いくつかの興味深い論点を示唆している。所領をめぐる相論によって鎌倉幕府を構成する御家人間では武力衝突が発生する危険性があったこと、それを調停するために「理非」を示す裁判を行っていたが、それに不満を持った側が裁判する者自身に危害を加える可能性があったことである。

泰時も言及しているように、幕府の要職にあった和田義盛は甥の胤長の赦免を求めて「一族九十八人」を率いて将軍御所の南庭に列参していた（『吾妻鏡』建暦三年三月九日条）。集団で集まることによって主張を認めさせようとする動きは、延暦寺や興福寺のような大寺院の行う「強訴（ごうそ）」と同じである。だが、強訴は寺院だけのものではない。武士や百姓たちも集まって主張を行っていた。そこで注意しなければならないのは、正当ではない主張を突き通すために集団になっているわけではない、ということである。主観的にいえば、主張する側は自分が正しいと思っているし、その正しさは大人数で、一致団結できたことで証明されていると思っていた。

一揆（いっき）にみられるように、中世人は集団的な主張そのものに正義を認める傾向があり、「列参」はその特徴的な行動様式だった（勝俣鎮夫『一揆』）。集団的な訴訟に「神仏の威」を加えたものが、いわゆる強訴となる。鎌倉幕府が合議と起請文によって、自らの判決の正しさを主張しようとしたのは、集団性と神仏の威を恃（たの）んで自己に有利な裁許（判決）を求めようとする当事者の動きに対応するものだったといえるだろう。訴える側も、訴えを受け取って裁判をする側も、「みんなで決めたことだから正しい」と主張しているのである。

評定衆の一人一人も、有力な御家人であり、彼らの親戚や友人、時として彼ら自身が訴訟当事者となった。裁く側も、裁かれる側も、人間集団としては重なっていた。当事者を納得させられない裁判を行えば、自らの威信も傷つくし、時としては報復を受けることもあった。いわば「裁判する者」自身も、当事者・関係者であって、自らの立ち居振る舞いを考えざるを得なかったのである。

以上みてきたように、式目の「道理」とは、それ自体は物事の個別事情という漠然とした意味ではあったが、きわめて戦略的に用いられたキーワードだった。律令と式目の関係を問題にする京都の人びと、そして各々の「道理」を主張する武士たちに向けて、「道理」という言葉を用いて泰時は幕府のスタンスを主張したのである。

『愚管抄』の「道理」

さて、「道理」という言葉は、実は泰時の周辺で使われていただけではない。むしろ「道理」とは当時盛んに使われていた語のひとつだった。承久の乱前の後鳥羽院の周辺では「道」(政道)を和歌に詠むことが流行っており、泰時周辺にも影響を及ぼしていたという(中川博夫「鎌倉期関東歌壇と道歌」)。現在知られている「道理」といえば、後鳥羽院に仕えた僧慈円の著した歴史書『愚管抄』が有名である。

慈円は、摂政・関白の九条兼実(道家の祖父)の弟である。兼実の曽孫である九条頼経を鎌倉幕府将軍の後継者とすることに尽力したといわれている。承久の乱の直前に著された『愚管抄』は、天皇家と摂関家が君臣で協力して政治を行ってきた歴史を語りながら、武家が台頭してきた由来を記したものであるが、歴史の移り変わりを「道理」として説明している。慈円の「道理」について、歴史家の石井進は、ご都合主義的なもので、泰時が示した「道理」とは異なる内容のものであるという厳しい評価をしている(『鎌倉幕府』)。

しかし、こうした評価は御成敗式目の「道理」を武家社会の慣習として何か重みがあるものだと考えていることの裏返しだった。様々な道理がある中で、何かの原理原則をもとに一律に判断するのではなく、個別の事情を勘案して落としどころを探るというあり方をみるのであれば、慈円の「道理」と「ご都合主義的」な点ではそれほどの差異はないのかもしれない。むしろ泰時は京都における「道理」の用法を踏まえたうえで、戦略的にこの言葉を採用したのではないだろうか。

九条道家は、御成敗式目制定の翌年「天福の徳政奏状」（天理大学附属天理図書館蔵）を天皇に提出している。前章では詳しく述べられなかったが、道家は叙位・任官と「理非決断」（裁判）の二つの政治改革を訴えている。道家は「理非決断」すなわち裁判における「評議」と「道理」の重視を説き、評議の結果に対して権勢のある有力者が「口入（くにゅう）」（介入）することを否定している。これらの論理は、鎌倉幕府の「御成敗式目」と評定衆による式目起請文に共通する。また、奏状では「兼ねて式条を定め、起請あるべき事」を主張している。この「式条」が実際に作成された形跡はないが、「起請」を行ってあらかじめ明文化されたルールを作成するという発想は、泰時が式目をつくった意図と共通している。親しかった亡き大叔父慈円のキーワード「道理」を用いて、式目に対する自分の批判をかわそうとする泰時への対抗心が、道家にはあったのかもしれない。

式目が地頭・御家人の動きを捉え、「仮名しか知らないような者のために」書かれ、後世の武家法の基礎となっていくのに対して、「天福の徳政奏状」は道家から天皇・上皇への意見状であり、格調高い文章ではあったが、具体的に実行されたり、広く影響を与えたりということはなかった。そして道家自身、最後は幕府と対立して息子の頼経とともに失脚してしまう。頼経の子で、五代将軍となった頼嗣(よりつぐ)も陰謀事件によって一二五二年(建長四年)に失脚し、将軍の座を追われたが、道家の死はそうしたさなかのことだった。同時期に「徳政」(政治改革)を掲げた泰時と道家であったが、ここに公家と武家との大きな分かれ道があったのかもしれない。

第四章　五十一箇条のかたち

五十一という数字

御成敗式目には、具体的にどのようなことが書かれているのだろうか。式目は五十一の条文から成り、五十一箇条と呼ばれるように、その数字自体が式目の代名詞になっている。この五十一という数字に関して、十六世紀頃には聖徳太子の憲法十七箇条に「天・地・人」の三をかけて五十一になったという伝説が生まれていた（『清原宣賢式目抄』など）。この説は現在でも専門家の権威ある教科書や概説書に書かれており（石井良助『日本法制史概説』）、歴史のウラ話、小ネタとして、小中学校の授業の場などでも広く語られているので、聞いたことがあるという人もいるだろう。

しかし、鎌倉時代の六波羅探題の奉行人だった斎藤唯浄の注釈書（『関東御式目』）には、そうした記述はない。十七条憲法との結びつきは、後付けの説明ではないだろうか。ところが、これまでの研究をみると、そのような疑問は持たれてこなかった。式目の本文や排列には不自然なところがあり、五十一という数字になるように意図的に揃えた形跡があると考えられてきたからだった。そこで五十一箇条の条文の全容をまず見ていくことにしたい。

現代の法律をみるとき、条文の構成や排列を考えるのが一般的で、式目五十一箇条についてもそれが大きな論点となってきたので、まずはそちらからみていくが、五十一箇条の具体的な内容を先に知りたいという読者は、八三頁以下からみていただきたい。

式目は二段階で成立したのか

五十一箇条の条文はどのように並んでいるのか。前半部分には一定のまとまりがあり、後半部分はまとまりがないことは戦前から指摘されていた（三浦周行「貞永式目」）。この点に注目した学説が、一九六五年（昭和四十年）に発表された佐藤進一による「原式目論」である（「御成敗式目の原形について」）。佐藤の原式目論は三つの仮説から成り立つ。

第一に、式目の排列に錯簡（前後の順番の間違い）があるというものである。佐藤は院政期の法書『法曹至要抄』に注目した。『法曹至要抄』とは律令の解釈を通して公家法を根拠づけたもので、中世の公家社会に広がり、式目にも大きな影響を与えた。その刑事法関係の項目をみると、次の通りである（括弧内の数字は『中世法制史料集　第六巻　公家法・公家家法・寺社法』の番号）。

八虐（謀反以下の重犯罪）（2）、故殺事（20）、謀殺事（21）、闘乱闘殺事（22）、強窃盗事（30）、殴人奪財事（31）、放火（40）、強和姧事（41）、偽作官文書事（46）、謀書事（47）

このように犯罪の類型が列挙されている。佐藤は、式目における刑事法関係の条文の排列は『法曹至要抄』に倣ったものではないかと考えた。つまり、『法曹至要抄』にいう「八虐」に相当する謀叛（第九条）、「闘乱闘殺事」に相当する殺害刃傷（第十・十一条）と殴人（第十三条）、「偽作官文書事」に相当する謀書（第十五条）の間の位置に、第三十二条（盗賊悪党）、「強窃盗事」「放火」に相当する第三十三条（強盗窃盗、放火）、「強和姧事」に相当する第三十四条（密懐）が本来は置かれていたと仮定した（第一の仮説）。そして、式目の条文排列を以下のように整理した。

神社：第一条
仏寺：第二条
幕府と朝廷・本所との関係：第三〜六条
裁判上の二大原則：第七・八条
刑事法：第九〜十一条、第三十二〜三十四条、第十二〜十七条

第二十八条	偽りを述べて他人を陥れて所領を奪おうとする訴えに対する処罰について
第二十九条	本来の訴訟担当者を差し措いて、別の役人を通じて訴訟を企むことを禁じる
第三十条	裁判の審理を終えた者が、判決を待たずに有力者の書状を提出することを禁じる
第三十一条	敗訴した者が訴訟担当の役人の不正を訴えた場合の対応について
第三十二条	盗賊や悪党を自分の所領に匿うことを禁じる
第三十三条	強盗と窃盗、放火犯の処罰について
第三十四条	人妻との密通および道路での強姦について
第三十五条	裁判所からの呼び出しに応じない場合の処分について
第三十六条	所領の境界をめぐる訴訟への対応について
第三十七条	御家人が荘園領主に働きかけて、他の御家人の上司になろうとすることを禁じる
第三十八条	他の御家人が持つ名主職を地頭が奪うことを禁じる
第三十九条	御家人が官職・位階を望むときの手続きについて
第四十条	鎌倉の僧侶が不当に官位を望むことを禁じる
第四十一条	奴隷の帰属をめぐる裁判について
第四十二条	抗議行動中の百姓の財産を地頭が奪うことについて
第四十三条	自分の支配地であると偽って幕府の安堵を得て、他人の所領を奪うことへの処罰
第四十四条	罪刑の決定以前に、被告の所領を他人が望むことについて
第四十五条	被告に陳弁の機会を与えずに処罰を下すことはしないという原則
第四十六条	所領の領主を交替するときの引き継ぎをめぐる紛争について
第四十七条	自分が支配していない所領の権利文書を他人に寄進すること、および名主が荘園領主に知らせず勝手に土地を有力者に寄進することを禁止する
第四十八条	幕府から与えられた所領を売買することを禁止する
第四十九条	原告・被告双方の証拠文書で勝敗が明らかな場合、口頭弁論を行わず判決を出すことについて
第五十条	事情を確認するために狼藉の現場に向かった者は処罰しないことについて
第五十一条	手続き文書を利用して、原告が実力行使することを禁止する

五十一箇条の構成

条	内　容
第一条	神社を修理して、祭礼をきちんと行うこと
第二条	寺院の堂舎を修理して、仏事をきちんと行うこと
第三条	守護は自らの領分を守って仕事をしなさい
第四条	守護は犯罪者の所領を勝手に没収してはいけない
第五条	荘園領主に年貢を納めない地頭への処分について
第六条	国司や荘園領主が裁判権を持つ領域に幕府は介入しないこと
第七条	源氏三代の将軍や北条政子の時代に御家人が与えられた恩賞地を変更することはしない
第八条	御下文（権利文書）を持っていても実際に支配してこなかった所領について
第九条	謀叛人への処罰
第十条	殺害・刃傷の罪を親や子に及ぼすかどうか（縁坐）
第十一条	夫の罪によって妻の所領を没収するかどうか
第十二条	悪口の罪について
第十三条	人を殴る罪について
第十四条	代官の罪を主人に及ぼすかどうか
第十五条	文書偽造の罪について
第十六条	承久の乱のときに没収した所領について
第十七条	承久の乱のときに鎌倉方・京方に分かれて参戦した親子について
第十八条	娘に譲与した所領を親が取り返すことについて
第十九条	主人から所領を与えられた家来が、主人死去の後、主人の子孫に背いた場合について
第二十条	親に先立って子が亡くなった場合、子に譲っていた財産を親が取り返すことについて
第二十一条	夫から与えられた所領を離婚後も妻が支配できるかどうかについて
第二十二条	父母から財産相続を受けなかった子息への救済措置について
第二十三条	女性が養子を取って所領を譲ることについて
第二十四条	亡夫の所領を相続した女性の再婚について
第二十五条	公家貴族と結婚した娘に御家人が所領を譲ることについて
第二十六条	幕府が承認を与えたのちに、親が子に譲与した所領を取り返して、別の子に譲与しなおすこと
第二十七条	親が遺産の配分の仕方を決めずに亡くなった場合について

家族法：第十八～二十七条
訴訟法：第二十八～三十一条、第三十五条

このように考えれば、第三十五条までの前半部分は条文ごとのまとまりが明確で、秩序立ったものとなる。さらに一歩進めて佐藤は、第三十六条以下はいったん式目が制定された後の増補部分であるという仮説を提示した（第二の仮説）。一二三九年（延応元年）に発布された幕府法（追加法）に、式目の第三十七～四十条と同じ「事書（ことがき）」（「一、……の事」という見出し）のものがみえており、式目第三十七～四十条はこのとき初めて立法されたのであり、原式目の増補時に式目に取り込まれたのだろうとも論じている。さらに『吾妻鏡』の一二四三～四五年（寛元（かんげん）元～三年）の記事に式目と同趣旨の判決があることに注目し、この判決をもとに追加法が生まれ、式目に編入されたのではないかと推測している。

しかし、一二三二年（貞永元年）に式目が制定された当初から五十一箇条あったことは、同時代の古文書から裏づけることができる（『鎌倉遺文』四六〇五号）。そこで、佐藤は、一二三二年当初の式目（「原式目」）を三十五箇条に圧縮したうえで後半部分を増補した、という第三の仮説を考えたのである。増補の時期について明示はしていないが、一二四〇年代半ば（寛元年間）を想定しているようである。

第三の仮説の根拠は、前半部分には一箇条ごとの文章が長い上に、「事書」に対応する内容のことが書かれた後で、「続いて……」というように、同じ箇条の中に複数の内容を持つものが多く、それらは二つ以上の条文を一つの条文にまとめたものだと考えられる、ということであった。

御成敗式目の文章が広く知られていたものであるだけに、その当初の姿が現在知られるものとは異なっていたとする原式目論は衝撃的だった。別の史料と比較検討しながら、史料の本文そのものを検証する手続き（いわゆる史料批判）が鮮やかだということもあって、佐藤の議論は大きな影響を与えた。式目には、不自然に長い（複数内容を持つ）条文が多く、また、その条文の並びの意図がよく分からないことも確かであり、これらを明快に説明できるというメリットもあった。五十一箇条という数字を維持するために原式目を圧縮したという第三の仮説は率直にいって不自然であるが、聖徳太子の十七条憲法を三倍した数字が五十一であるという「常識」があり、五十一という数字自体にあたかも意味があるように思われていたから、この点も不自然に感じられることがなかったのである。

追加法とは何か

この「原式目論」は、十七条を三倍して五十一としたという「常識」とともに、通説と考えられてきた。しかし、式目と追加法の関係を考えるとき、矛盾がある。追加法とは何か。

教科書をみると、式目以降、制定された幕府法令を「追加法」と呼ぶと書かれている。どうして追加と呼ぶのだろうか（章末コラムの一〇一頁以下も参照）。北条泰時は書状の中で、式目五十一箇条には不足も多いだろうから、必要に応じて式目の奥に新たな法を追加していくと述べている。どうやら御成敗式目の最後（「奥」）に実際に書き加えられていたらしい。

鎌倉後期の幕府は記録保存のための「文庫」を設置していたが（高橋一樹『中世荘園制と鎌倉幕府』）、それ以前の幕府は自分の出した法令や判決を記録保存することが十分にできていなかった。しかし、評定の場で決定され、式目の奥に「追加」された法はきちんと保存されていた。おそらくは巻物のかたちをとり、奥に紙を貼り継いでいったのだろう。見方を変えれば、式目の巻物の奥に追加することで、やや素朴ではあるが、重要な制定法を記録するしくみがつくられていたということができる。

式目の奥に書かれた追加法（「式目追加」）は、「式目」として引用されており、効力も基本的には変わらず、式目五十一箇条に準じた扱いを受けていた。式目第三十三条は強盗・窃盗について先例があるとするが、一二三一年（寛喜三年）の法令（追加法二一）が想定されている。この法令はいろいろと引用されることも多く、三十三条よりも広く知られていた。一二四二年（仁治三年）および一二四四年（寛元二年）に豊後国（大分県の中・南部）の守護である大友氏が制定した法では、式目奥に書かれた式目追加が式目本文と同じく「御式目」として引用されていた（笠松宏至『中世人との対話』）。

こうした「追加」法の形態を考えると、法制史家の新田一郎が指摘するように、奥への

「追加」とは別に、式目本文に増補される補足的な追加法が存在したという佐藤進一の仮説は、成り立ちがたい（新田一郎「「法」の記憶」）。「追加」の中には式目の内容を変更してしまう規定（第六章、一三六〜一三八頁で詳しく説明するが、第二十四・二十五条を事実上撤回する一二三九・四〇年〔延応元年・仁治元年〕の追加法一二一・一四四）とともに、式目本文に挿入されていてもおかしくない法令（第八条を補足する一二三七年〔嘉禎三年〕の追加法九二など）も含まれており、それらを差し措いて、一二四〇年代半ばに別のものを式目本文に増補したと考えると矛盾が大きい。

式目と同趣旨の立法や判決が式目制定後になされていることを佐藤は根拠とするが、同内容の法律の繰り返し立法は当時珍しくなかった。少なくとも再立法と考えて無理はなく、「原式目論」でなければ説明できない現象ではない。現在伝わっている式目の姿は、一二三二年（貞永元年）の成立当時の式目の姿ではないとする佐藤の「原式目論」は、史料操作の魅力に富み、多くの研究者を惹きつけた仮説であった。しかし、それなしでは説明できない現象はなく、むしろ「追加」法の形態との関係で矛盾が生じるという点において、成り立ちがたい仮説だといわざるを得ないのである。

複数条文を一つにまとめたのか

説明を後回しにしたが、「原式目論」が説得力を持った背景に、①式目の条文の並びが理解しにくい、②複数条文を一つにまとめたような条文がある、という式目に内在する問題がある。佐藤自身、「原式目論」への批判に対して、②を論拠として、その批判を退けている。

①は後述するとして、先に②をみていこう。実は、聖徳太子の十七条憲法に倣って、十七を三倍して五十一にしたという通説の根拠とされてきたのも②なのである。「原式目」に条文を追加して、五十一に圧縮したという不自然な仮説もまた、五十一という数字に意味があることが暗黙の前提になってきたことを考えると、「原式目論」は五十一という神話の一バージョンという側面すらあるのである（拙稿「五十一という神話　御成敗式目と十七条憲法」。二一五頁以下に後述）。

結論からいえば、二つ以上の条文を一つにしたとされる条文は、いずれも関連性の深い内容が含まれている。別々に立項されて、後日一つの条文になったというよりは、当初から一つの条文として作成されたと考えたほうがよい。

たとえば、第七条は有名な不易法(ふえきほう)の規定である。不易法とは一定時期以前の判決に形式的確定力を付与することであり、第七条の前半部分では、代々の将軍（源氏三代の将軍）と北条政子が御恩として与えた所領の変更はしないとする。第七条の後半部分は、代々の将軍の「御成敗」（裁判）によって敗訴した側が、再び出訴することを禁じている。二つの条文を一つにまとめたものと想定されていたが、前半と後半は同じ不易法を御恩と裁判の場合でそれぞれ述べたものであり、別々の条文と考えるほうが不自然である。

「原式目論」では後日の増補部分に相当する第四十七条にも、前半部分と同じく、二つ以上の条文が一つになっているようにみえる条文が存在する。第四十七条の前半部分は、不知行(ふちぎょう)の所領を他人に寄付することが禁じられており、後半部分は、名主職(みょうしゅしき)を勝手に本所以外の有力者に寄付してしまうことを禁じている。名主職の場合、本所（実質的な支配権を持つ荘園領主）に処分権がある。自分に寄付する資格のない所領を寄付してしまうことを禁じている点では共通する。

泰時は五十一箇条の事書（見出し）を自ら用意し、六人の評定衆に与え、事書に対応する本文の草案を作成させ、それを土台にして本文をつくったという（池辺本「御成敗式目註」）。式目第二十三条の本文中には、「評議」を経て本文を確定したという記述がある。これは想像だが、泰時の作成した事書をもとに、このような規定であれば、この場合はどうするという議論が重ねられ、式目の本文が作成されたのではないだろうか。別々の条文として作成され、後日一つになったと考えると、その内容の関連性からみて不自然である。

続けて、式目五十一箇条の全容の紹介を兼ねて、①式目の条文の並びについてみていくことにしよう。本書の別の箇所で詳述している条文も多いので、巻末の索引も適宜利用していただきたい。

幕府の権力の及ぶ範囲を定める

第一・二条は、幕府の支配下にある神社・仏寺の修造に関する責任を幕府が負うという内容である。中世の政治権力は、神社・仏寺を建設・修復し、神仏に祈るとともに、神仏の加護によって世の中は治まると考えていた。朝廷の「新制」に倣ったものであり、寛喜の大飢饉という災害の中で出された「新制」という性格を式目は持つ（四五頁に前述）。

第一・二条は、「関東御分」の国々の寺社に関する規定とされている。関東御分国とは一般に鎌倉幕府（将軍）が知行国主である国を指すとされるが、この場合は、幕府が特殊な行政権を持つ「東国」を意味する（石井進『日本中世国家史の研究』）。時期による変動はあるが、およそ三河（愛知県東部）〜信濃（長野県）〜越中（富山県）より東である。そこでは朝廷ではなく幕府が社寺の修造という統治者の責任を担うという宣言であった。

第三・四条は守護、第五条は地頭に関して、第六条は本所との裁判管轄を定めた条文である。第三条は守護の職権を制限し、国衙の権益を侵害してはならないというものであるし、第五条は本所に対する地頭の年貢未進に関する規定である。

概して、第一〜六条は、幕府とその外部勢力（仏寺・朝廷・本所）との関係性に関する規定であり（古澤直人『中世初期の〈謀叛〉と平治の乱』）、中世の「国のかたち」（第一章）を反映している。幕府権力の及ぶ範囲に線を引き、その責任範囲を明確にしたものだと考えてよいだろう。

これに対して、佐藤が裁判の二大原則を示したものと位置づけた第七・八条は、どうだろうか。第七条は、源頼朝・頼家・実朝そして北条政子の時代に与えた所領については、元の持ち主の訴えがあっても受理しないという規定である。第八条は、実効支配（当知行）してから二十年が過ぎた所領については変更しないという規定で、二十箇年年紀法と呼ばれる。幕府は一定期限が過ぎたものについて裁判では取り扱わないとする時効規定であり、自らの権力の及ぶ範囲について、時間的にも線を引いたのである（笠松宏至『法と言葉の中世史』）。

縁坐の範囲を定める

第九条以下はどうだろうか。第九条は謀叛すなわち幕府・将軍への反逆についてはあらかじめ定められないとするだけで、実際には何も決めていないに等しく、意味のない条文だという説もある（三浦周行『続法制史の研究』）。『法曹至要抄』の罪科条を参考にして「一、謀叛人事」という事書が設定されたものの、議論を経た結果、あらかじめ定めることはできず、先例や「時宜」（その都度の状況）に応じて判断するという評議の結論が本文に記されたのだとも考えられる。この「時宜」については「将軍の判断」を意味するという佐藤進一の説があるが、ここでは「その都度の状況に応じて」と解釈しておく。その場合でも、その都度の将軍や執権・評定衆による判断がなされることはいうまでもない。

続く第十条以下をみると、確かに重犯罪に関する規定である。だが、第十条をみると「殺害を犯せば、その身を死罪に行うか、流刑にし、所帯を没収するとしても、その父とその子が共謀していなければ、互いに縁坐にかけるべきではない」とあるように、殺害人を死刑や流刑、所領没収とするのは当然のことであり、父の罪を子に及ぼすかどうか、子の罪を父に及ぼすか否かが争点になっている。そもそも父の罪をどうして子が負うのかと思われるかもしれないが、家族関係が重視されていた当時の社会にあっては、本人は犯罪に関わりがなくても、犯罪者となった親類縁者の責任が追及されていた。これを縁坐という。

縁坐の範囲をどう定めるのかは、当時の幕府にとって深刻な問題だった。中世社会では犯罪者の財産は没収されることが一般的だったが、その犯罪者財産の配分が大きな利権となった。幕府の権力それ自体が、治承・寿永の内乱そして承久の乱において「敵方」とした勢力の所領を謀叛人跡として没収したことによって成り立っていたからである（川合康『源平合戦の虚像を剝ぐ』）。平時においても、守護・地頭となった武士たちは、犯罪者の財産の没収を目論んで、警察・検察権を乱用して犯罪を摘発することが多かった。犯罪者本人だけではなく、縁坐としてその家族・親戚の財産をも没収しようとして、紛争が発生していたのである。

御成敗式目の条文をみても、第十一条は夫が罪を犯したとき、妻の所領を没収するかどうかが論点になっている。第十四条は代官の罪を主人にかけるかどうか、第十七条は承久の乱のとき京方についた罪を父子にかけるかどうか、である。

このように式目の刑罰規定は、縁坐の適用範囲を制限しようとするものだった（山口道弘「鎌倉幕府法縁坐規定を遶る二、三の問題に就いて」）。さらにいえば、人びと一般ではなく、御家人同士の争いを想定していることが特徴である。当時の幕府の単行法令をみると、守護や地頭が諸国の荘園で百姓などを相手に警察権を乱用することを禁じる法令は多い。だが、第十一条が所領没収を刑罰規定に挙げているように、ここで問題になっているのは基本的には御家人なのである。

御家人同士の喧嘩

この問題を考える手掛かりが、直接縁坐を規定したものではないが、第十二条の「悪口」罪と第十三条の「殴人」罪の規定である。

　第十二条は「悪口の咎」に関する規定であり、軽重に従って流罪もしくは「召し籠め」（他の御家人への身柄預け置き）に処すとする。一見すると「悪口」（根拠なく他人を誹謗すること）を吐いただけの刑罰としては重すぎるが、この条文は特に裁判の場を想定していたようである。裁判の場で「悪口」を吐いたとき、係争地の所領を相手方に与えるか、そもそも「悪口」をした側に正当性がない場合は係争地以外の所領を没収する（所領がなければ流罪にする）、と定めている。

　この第十二条の処罰規定が実際にどこまで運用されていたのかは疑問である。第十二条に限らず、式目の規定は一つの目安として設定されていたが、法にそう書かれているからといって、その通りに運用されているとはいえない。現在の法とは感覚が異なるのである。

第十三条は、人を殴るだけで所領没収もしくは流罪という規定である。その冒頭に「殴られたものはその恥をそそごうとしてきっと相手を害そうとする心を抱くだろう。人を殴る罪は大変重いのである」と教訓的に述べているように、喧嘩が日常茶飯事であったからこそ、武士同士の喧嘩を防ぐために敢えて厳罰をもって規定したのである。だが、喧嘩が日常茶飯事であった武士社会において、この条文通りに厳罰が科されたのかどうかは分からない。「喧嘩や殺人の原因は悪口から起こる」と述べるように、喧嘩を防ぐために敢えて厳罰規定を掲げたという側面が強い。式目に規定された法ではあるが、実際には鎌倉に住む武士たちに対して喧嘩をするなという脅しのメッセージに近かったのではないだろうか。

このように考えると、縁坐の乱用を制限しようという式目の狙いは、守護・地頭が百姓たちに対して警察権を乱用することを防ぐというより、縁坐の拡大解釈によって、御家人集団の内部が混乱するのを予防することにあったのではないだろうか。とりわけ鎌倉・東国に住む御家人たちは互いに複雑に入り組んだ親戚・姻戚関係を結んでおり、単なる喧嘩が大騒動に発展することは珍しくなかった。

こうした罪科規定の中で、第十五条の「謀書」すなわち偽文書作成に関する規定は一見浮いている。ただし、当時の幕府の裁判において、どのような文書が偽作されたかというと、幕府の発給文書（源頼朝の下文などはよく偽作された）や親から子への譲状（財産譲与書）だったことを考えると、幕府・御家人の秩序を維持するために重要な規定だったことが分かる。これに続く第十六条は、承久の乱の際に京方に付いた人物の没収地に関するもので、いくつか条件を付けながらも、もう罪は問わないものとして、平和宣言という側面を持った。

このように第九〜十七条に至るまでの刑罰規定は、国家的な刑事法を定めた箇所というよりは、御家人の集団の平和維持を第一の狙いとするものだった。佐藤進一の指摘する通りに、条文の事書（見出し）作成の際に『法曹至要抄』など公家法の法書を参考にした可能性は高いが、たとえば第十二条の「悪口」は公家法にはない。幕府は自らの必要に応じて取捨選択しているのである。

条文ごとのまとまりはあるのか

第十八〜二十七条について、佐藤進一は「家族法」としてまとめている。ただし、単なる家族関係ではなく、財産相続をめぐる規定である。鎌倉幕府が御家人の持つ所領をどのようにみていたかという問題と関わってくる。詳しくは第六章で論じたい。第二十八〜三十一条について、佐藤は「訴訟法」としてまとめている。より具体的にいえば、訴訟のときの不正を禁じる内容である。詳しくは第八章で論じたい。

前述のように、式目の第三十二条以降は条文排列のまとまりがないと考えられてきた（佐藤のように「錯簡」を想定すれば、第三十六条以降）。しかし、刑事法とか訴訟法という近代法的な枠組みを外して、条文ごとのまとまりに注目するのであれば、前半と後半とで分けることは適切ではないだろう。以下、具体的にみていこう。

たとえば、第三十二〜三十四条は警察関係であり、佐藤進一は第十一条と第十二条の間に本来置かれていたと主張している。だが、第九〜十七条が重犯罪の縁坐の範囲や御家人の集団の秩序維持を定めたものであるのに対して、第三十二条以下は、より具体的な手続きの話をしている。第三十二条は諸国の治安に関する規定で、守護やその使者が所領に立ち入るかどうかという話である。第三十三条は強盗・窃盗・放火であるが、謀叛などに比べると日常的な犯罪であり、侍所（幕府の一部局で、御家人の管理や鎌倉の治安維持を担当した）などで扱われる問題である。第三十四条の前半は、他人の妻との密懐（密通）に関する話で、御家人同士の問題であろうが、後半は道路の辻で女性を強姦することに関する処罰規定であり、同じく侍所関係であろう。第二十八〜三十一条が訴訟に対する役人の対応・手続きに関わる話であるのに対して、第三十二条以下は守護・侍所など治安維持にあたる役人が関わる内容なのである。これらが、第十一条と第十二条の間にあったと無理に想定する必要はないだろう。

第三十五条は、「召文違背の咎」といって、裁判に関わって、幕府からの呼び出しに応じない者に関する処罰規定である。佐藤はこの条文を「訴訟法」と理解して、第三十一条に接続するものと理解したが、命令違反への処罰規定であるから、女性への犯罪の処罰を規定した第三十四条につながるものとして理解して不自然ではない。

「原式目論」によって後日の増補部分とされた第三十六条もまた、裁判上の手続きに関連した処罰規定という点では第三十五条につながるものである。所領の境相論で、領有を主張して訴えを起こした者について、もし訴えが不当なものであるならば、不当に主張した分の面積を計測して、その訴えた者の領地の中からその面積分を訴えられた側に渡すという規定である。価値効力のない「古文書」を持ち出して、訴訟を起こす者が絶えないのは、訴訟に負けても損しないからなので、このようにペナルティを付けるのだと、立法の目的が説明されている。

人びとがこう考えるから、このようなルールをつくるのだと、噛み砕くように丁寧に説明するのは、式目の文章の特徴である。式目制定時の泰時と評定衆たちの議論がそのまま反映されているように思われるし、著者はそこに「泰時の肉声」を読み取ってみたくなるのである。

身分秩序の維持

第三十七～四十条は、御家人集団（および鎌倉中の僧侶）の身分秩序に関わる規定である。

第三十七条は、御家人が荘園領主に働きかけて、他の御家人が所領を持つ荘園の上司（在京の荘官で預所（あずかりどころ）という）を望むことを禁じる規定である。御家人は所領の地頭職や下司職（げしき）を持つことが一般的だった。第三十八条は、惣地頭（そうじとう）が（御家人身分を持つ）名主職（みょうしゅ）の権利を侵害することを禁じる規定である。名主職は荘園制の秩序の中では惣地頭の下に位置するが、御家人となった九州の武士は名主職を持つことが一般的で、その場合は惣地頭と対等の御家人だった。惣地頭は西遷してきた東国御家人で、名主職を持つ現地の御家人（これを小地頭（こじとう）という）と対立するという場合が多かった（清水亮『鎌倉幕府御家人制の政治史的研究』）。第三十七・三十八条ともに、荘園制秩序のもとでの御家人同士の関係を整序するものである。

第三十九条は御家人の官位獲得に関するものである。源頼朝が配下の御家人たちが朝廷の官職を欲しがることを警戒し、勝手な任官を禁止していたことは第一章（二〇頁）でも紹介したが、三代将軍源実朝の時代以降、その制限は緩んで、多くの御家人が京都とのコネクションをつくり、献金するなどして官職を得ていた。御成敗式目第三十九条は幕府の御家人官位統制策の一環だった（上杉和彦『日本中世法体系成立史論』）。第四十条は鎌倉中の僧徒が僧官・僧位を望むことへの規制であるが、第三十九条と対になっている。

この四つの条文は、幕府関係者の身分統制令として一まとまりの条文であると意識されていた。これに対して、第四十一条は奴婢雑人（ぬひぞうにん）（奴隷的な隷属民）をめぐって、第四十二条は百姓の逃散（ちょうさん）をめぐる裁判の基準を示したものである。奴婢雑人は領主の財産であり、逃散をめぐる規定は領主の年貢徴収に関わるものであるから、第四十三条以下の御家人の所領に関する規定に続いていく部分であるが、御家人の下にいる百姓・下人に関する身分の規定にもなっている（詳しくは一五七〜一六二頁で後述）。人の身分のありように関する規定なのである。

御家人の所領をめぐって

第四十三〜五十一条は、従来もいわれてきたように、確かに明確なテーマがみえず、雑多な規定を集めたものにもみえる。だが、第四十三〜四十八条は、御家人所領をめぐる規定が並んでおり、一つのまとまりを成しているようにも思われる。

まず第四十三〜四十五条は御家人が罪を犯したとき、その所領没収をめぐるトラブルを想定した規定である。

第四十三条は、「当知行」すなわち実際にその所領を支配していると偽って、他人の所領への安堵（権利の保障）を幕府からもらい、それを利用してその他人の所領への権利侵害を企むという行為を禁じた規定である。それとともに、「当知行」の所領に対する安堵の文書を発給することは、悪用の原因になるので、今後は停止すると記している。

第四十四条は、罪に問われた御家人の所領について、罪刑の確定以前に、別の御家人が望むことを禁じる規定である。罪人の所領を没収して別の御家人に与えることは当時の慣行だった。そのために人を罪に陥れようとする動きがあった。繰り返し述べるように、内乱期の敵方所領を謀叛人の所領として没収し、恩賞としたのが鎌倉幕府の地頭職の淵源であった。したがって、他人の所領を望み、御家人同士で相手を罪に陥れようとする動きは、鎌倉幕府の成り立ちに根差したもので、内紛の絶えない一因でもあった。それだけに幕府はその動きを抑制し、内紛の種を取り除く必要があったのである。

第四十五条は、人の犯した罪が評定などの場に報告されたとき、有罪か無罪かを糾明することなく、所領を没収してしまうことを禁じ、きちんと十分な審理を行うように定めた規定である。第四十四条と関わる。

第四十六〜四十八条は、御家人所領の移転をめぐるトラブルに関する規定である。第四十六条は所領の知行者の交替のときに、前の知行者と新しい知行者との間でトラブルが起こったことを想定した規定である。交替した年の年貢は新しい知行者が負担し、前の知行者の私物などを新知行者が差し押さえたりしてはならない、とする。

第四十七条は、自分が実際に支配していない所領について、その権利文書を他人に寄付することを禁じる規定である。中世では「寄沙汰（よせざた）」といって、実際の効力のない古文書を有力者に寄付して、その力を借りて所領への侵略を図ろうとする動きがあった。また、名主職を本所に知らせず有力者に寄付することを禁じている。

第四十八条は、幕府から与えられた恩領を勝手に売買することを禁じる規定である。

以上のように、第四十三〜四十八条は、御家人の所領をめぐる規定であり、一つの大きなまとまりになっていることが分かる。幕府の秩序維持にとって必要不可欠な規定が並んでおり、決して付随的な規定ではなかった。

争う人びとの心性

第四十九〜五十一条は、訴訟に関する規定が並んでいる。第二十八〜三十一条が、訴訟手続きにおける不正の防止であるのに対して、これらは人びとの行動に踏み込んだ規定である。

第四十九条は、両当事者が争う訴訟において、両方の証文に優劣が明らかなときは、両当事者の取り調べを行うことなく、成敗を行うように定めている。幕府の裁判というと、両方の当事者の主張をきちんと聞くことが基本だったが、あまりにも優劣が明らかな場合はその限りではないという規定である。中世社会は、現代のような戸籍や土地の台帳がきちんと役所によって保管・管理されるということがない時代で、人びとは様々な文書を獲得・保管して、自らの権利を主張しようとした。そのために明らかに正当ではない証文を持ち出して、幕府の訴訟の場に持ち込む動きが多かった。そのような訴人（原告）は、不利な立場を自覚すると、対決（取り調べ）の場に持ち込んで、一発逆転を狙っていた。

鎌倉時代の裁判の特徴として、争っている両当事者の主張をきちんと聞いたうえで判断を下すことが望ましいという認識の広がりがあり、片方の当事者の主張だけを聞いて下された判決よりも確かなものだと考えられていた。裁判を行う側からしても、一方の言い分だけを聞いて判決を行ったところで、もう片方が納得せず、問題が解決しないことは明らかなので、両当事者を呼び出して主張を交わさせる中で、落としどころを探ることにメリットはあった。しかし、際限のない裁判が続く原因にもなった。そこで、提出された証拠文書があまりにもでたらめであれば、そこで白黒をつけるということにして、何とかバランスをとろうとしたのである。

続いて第五十条は、狼藉があったときに事情を知らずその現場に駆けつけた御家人たちの処罰をめぐる規定である。加勢した者は罪に問われることは当然であるが、その軽重はあらかじめ定めがたいので、「時宜」（その都度の状況）によるべきであろうし、事件が本当に起きたかどうかを確かめるために現場に赴いた者は罪には問わない、と。

御家人社会では、武士同士の喧嘩が絶えず、親戚などが加勢したために、大規模な騒乱に発展しやすかった。これに関しては面白いエピソードがある。御成敗式目制定の前年、名越の辺りで騒動が起こり、敵が北条朝時の邸宅に討ち入ったという風聞があった。兄の北条泰時は評定の座にいたが、すぐに駆けつけたという。その後、平盛綱（泰時の腹心）が「要職の身なのだからまずは使者を派遣して様子を確認すべきであって、事情を確認せずに直行するのはよくない」と諫めたという。それに対して泰時は「言い分はもっともであるが、兄弟を見殺しにしたとしたら人の謗りを受けよう。そのようなことになれば、要職の地位も甲斐のないものになる」と答えたという（『吾妻鏡』寛喜三年九月二十七日条）。

当然のことながら、泰時が罪に問われたという話はなく、むしろ美談として伝えられている。式目制定者である泰時からして、武士の面子（メンツ）のために駆けつけるありさまなのである。しかし、だからこそ、第五十条のような規定が生まれたのであろう。

式目の最後に置かれている第五十一条は、所領をめぐる訴訟において、「問状（もんじょう）」を利用した狼藉が多発していることに対処する規定である。

幕府が訴えを受理すると、訴えられた側に陳状の提出を命じる「問状」を発給する。この「問状」を誰が訴えられた側に届けるのかというと、現代であれば裁判所が送り届けるのであるが、泰時の時代の幕府は統治機構が未整備であって、訴えた者本人が訴えられている側に送り届けなければならなかった。ところが、訴訟を受理して審理を始めるというものに過ぎない「問状」を利用して、幕府が自分の権利を認めたと主張して、訴人がその所領に狼藉を行う事件が多発していた。

第四十九〜五十一条は、当時の人びとの心性や行動様式と幕府の裁判・法制度の間で生じていた矛盾に関する規定であり、社会史と制度史の接点にあった。ただ、第五十条は結局「時宜」によって判断するし、第五十一条は問状狼藉自体けしからんとしながらも、たとえば幕府の奉行人が問状を届けるようにするなど、具体的な抑止策は講じていないことに注意したい。いずれもザル法であって、重大さは認識しているものの、具体的な解決策を見出しあぐねている様子が伝わってくる。

式目全体の構成を俯瞰する

以上、全五十一箇条の条文を概観した。佐藤進一の原式目論の要点の一つは、前半部分には、『法曹至要抄』を意識した条文の並びが見出されるのに対して、後半部分は明確な並びがないというものだった。だが、前半部分をみても、『法曹至要抄』『裁判至要抄』は刑罰関係や財産相続関係の条文の事書をつくるときに参考にされた可能性があるという程度である。また、後半部分にも前半部分と同じ程度の大まかなまとまりは見出せる。

改めて整理すると次の通りである。

幕府権力とその外部との関係、境界線：第一～八条
　神社・仏寺：第一・二条
　国衙・本所：第三～六条
　時間的な境界（不易法・年紀法）：第七・八条
罪と罰（御家人集団の維持に関わるもの）：第九～十七条
御家人の所領相続と家族関係：第十八～二十七条
訴訟（奉行人の落ち度）：第二十八～三十一条
刑罰に関する訴訟の規定：第三十二～三十六条

身分に関する規定：第三十七～四十二条
御家人の身分上昇の制御：第三十七～三十九条
鎌倉中の僧徒：第四十条
奴婢雑人：第四十一条
百姓：第四十二条
御家人の所領の没収・移転に関して：第四十三～四十八条
訴訟制度からはみ出る人びとの行動に関して：第四十九～五十一条

これはあくまで私案に過ぎないが、従来の区分が「家族法」「訴訟法」という近代法的な概念にこだわり、後半部分にまとまりを見出さなかったのに対して、内容に即した区分をすれば、後半部分に関しても一定のまとまりがあることが分かる。原式目論のように成立時期の違いを想定しないと説明できないということはないだろう。

御成敗式目制定の目的は、一般的には裁判の明確な基準をつくっておくことにあるといわれている。また、御家人の権利を保護するものというイメージも強い。しかし、このように五十一箇条全体を見渡すと、新たな権力である鎌倉幕府が、朝廷・荘園領主をはじめとする中世社会とどのように関係を結んでいくのか、その中で権力基盤である御家人集団をどのように制御していくのか、という二つの側面が強いことに気づかされる。

特に御家人制を基盤とする幕府にとって、御家人たちやその所領の動きをコントロールしていくことが大きな課題だった。人と人との関係が入り組んでいる当時の社会にあっては、様々な「人のつながり」を介して、紛争が拡大したり、あるいは財産が幕府の支配下にない人たちに渡ってしまうこともあり得た。所領それ自体に関する規定というよりは、むしろ所領をめぐる「人のつながり」に関する規定が多いことが注目される（一四三頁に後述）。

北条泰時は式目制定の意図を伝える書状の中で「結局のところ、従者が主人に忠義をなし、子が親に孝行をし、妻が夫に従うならば、心が曲がっている人を退け、正直な人を賞して、おのずから民衆を安心させる計らい事となるでしょうと思って、このように式条をつくりました」と述べている（四三頁に前述）。人と人との関係を整えていくことが、中世社会の中に新しく誕生した鎌倉幕府という存在を安定させるために必須だということを深く自覚していたからだろう。

式目の文章は中国の古典を引用したりして、道徳・訓戒的な内容を多く含んでいる。そのこともまた、式目が単なる土地財産の権利保護の法ではなく、人と人との関係を規律する法という側面を持つことと関わっている。泰時の弟で、式目制定当時には京都の六波羅探題だった北条重時は、「六波羅殿御家訓」と「極楽寺殿御消息」という二つの家訓を作成したことで知られている（『中世政治社会思想』上巻所収）。法と家訓というと異なるもののようであるが、中世の武家領主の法には家訓的な性格のものも珍しくなく、重時の家訓の世界も泰時の御成敗式目や書状に近いところがある。式目は戦国期には法律書というよりは政道・道徳の書という側面が重視されていくが（新田一郎『日本中世の社会と法』）、そうした後世の読まれ方もまた式目それ自体に内在していたといえよう。

コラム　追加法とは何か

本書では御成敗式目五十一箇条以外の幕府法を「追加法」として引用している。その追加法と「式目追加」（八〇頁）の関係についてここで説明しておこう。

鎌倉幕府の裁判では、訴訟当事者が根拠として持ち出した幕府法令について、もう一方の当事者がそれを実在しない法令であると述べ、幕府もその実在の真偽を判断することができない、ということが起こり得た。現在では制定法は公布され、六法全書を紐解けば、どのような法があるのか、少なくともその「実在」は確認できる。現代の「法」では当たり前のことが中世には当たり前ではなかったのである（笠松宏至『徳政令』）。「法」と「法」との間で矛盾が生じることも当たり前だった。

幕府自身でさえ把握しきれていなかった幕府法を様々な史料から網羅的に集めて、現

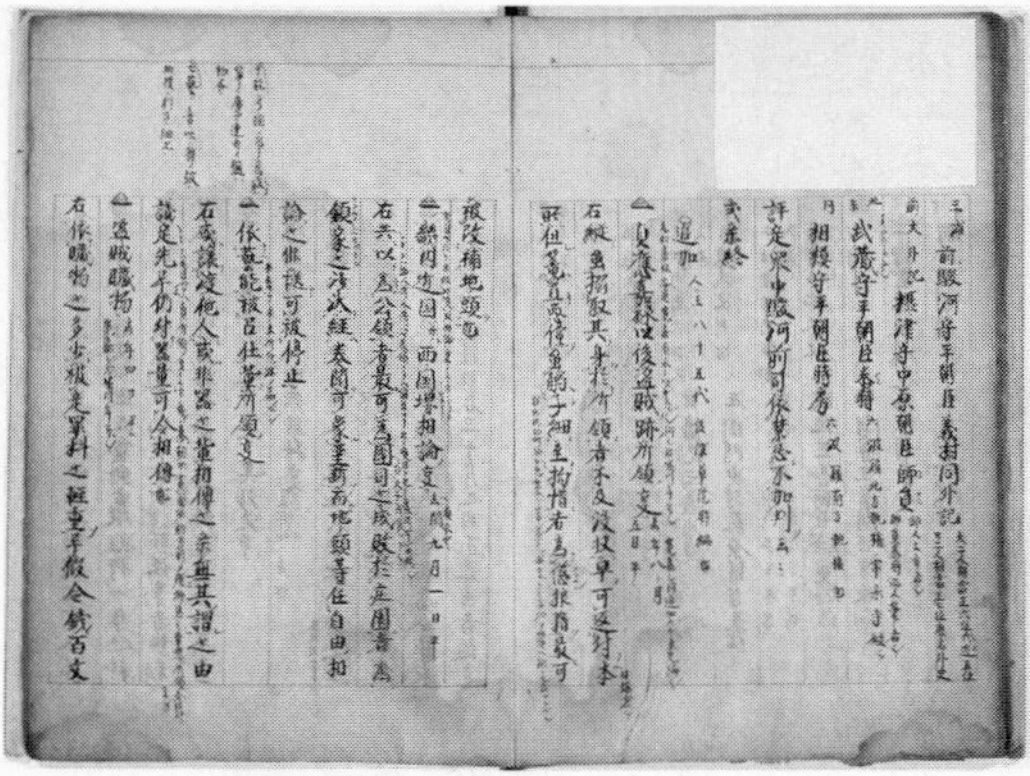

「達蔵司本御成敗式目」部分　式目の末尾（奥）に「追加」が書き加えられており、「式目追加」の古い形態を伝えている写本である。京都大学法学研究科所蔵

代の研究者が史料集を作成した。佐藤進一・池内義資編『中世法制史料集　第一巻　鎌倉幕府法』（岩波書店）である。これには「鎌倉幕府追加法」として七百箇条以上が収録され、さらに参考資料や補遺が加わっている。現在の研究者はこの史料集が蒐集した「法」に便宜的に付した番号に従って、「追加法二一」などと呼んでおり、本書もそれに倣っている。ある研究者は「中世法制史料集を手にとって中世にタイムスリップすれば、どんな裁判も百戦百勝ではないだろうか」と述べている。確かに誰よりも幕府の「法」に詳しくなれることは間違いない。しかし、その「法」が「法」として認められるかは不明なのである。むしろ百戦百敗になるかもしれない。

ここで注意しておかなければならないのは、本書で述べているように、鎌倉期における「追加」という言葉は本来、御成敗式目五十一箇条の末尾に、評定の決定を経て、物理的に書き加えられた「式目追加」を指すことである。一二三二年（貞永元年）の年末には、式目制定（同年八月）以前の法が、式目の末尾に書き加えられていた。こうした本来の「式目追加」は鎌倉末期までの三十二箇条程度が伝わっている（前川祐一郎「日本中世の幕府「追加法」生成と伝達の構造」）。これら「式目追加」は、式目五十一箇条に准じ、永続的・一般的な効力が期待され、幕府によって周知が図られていた。

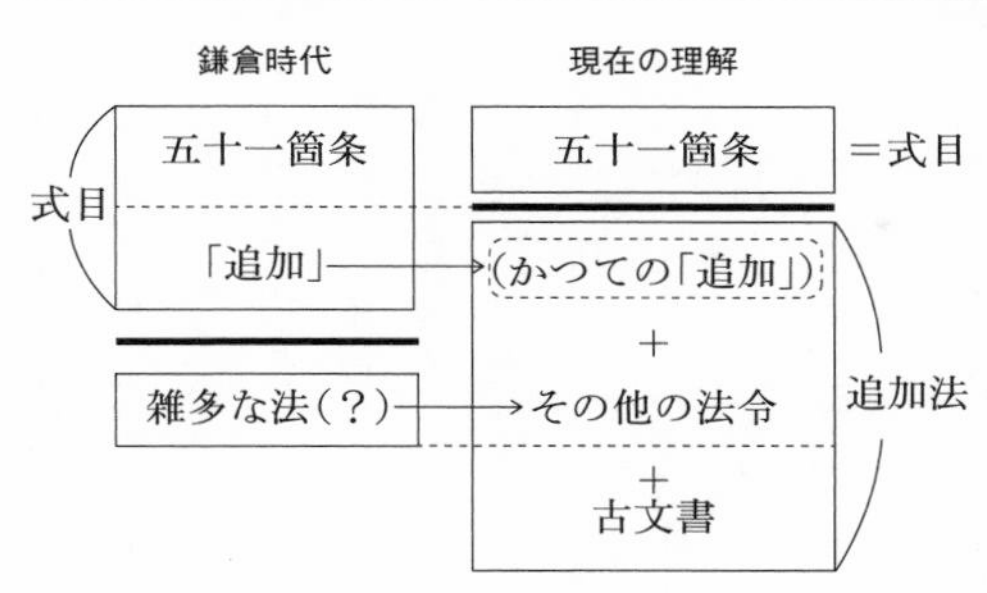

「追加」と追加法（『中世法制史料集』）の違い
新補率法（35頁）や嘉禄の新制（40頁）なども現在「追加法」として『中世法制史料集』に収められているが、この図では省いた

以上のように、鎌倉幕府法の世界は、五十一箇条とその奥の「式目追加」から成る中核部分（「御式目」）と、幕府自身も把握しきれていない雑多な法令群（史料上は「御下知」など）の二重構造になっていた。前者は現代的な感覚からいっても紛れもない「法」であるが、後者は、その場限りの幕府の命令や対応、個々の裁判の判例などから成り、「法」であるか否かも曖昧だった。ところが、幕府裁判制度を利用しようとする人びとは、式目

だけではなく、雑多な法令までも利用して、「あなたたち幕府自身がこのような法を出したのだから、これに従って自分の訴えを認めてほしい」と訴えたのである。

どうやって人びとは、幕府自身も管理しきれていない雑多な法令を知り得たのだろうか。冒頭で紹介した法令の実在自体が争われた事例で、ある御家人は、上級貴族のもとで国雑掌（くにのざっしょう）（代官）を勤める実務家（つまり非御家人）からその「法」の情報を入手している（『鎌倉遺文』一二三七二号）。六波羅探題の奉行人（法曹官僚）も、アルバイトで貴族や大寺社の顧問弁護士をしていたり、知行国主や荘園領主に仕える実務家と広く交流を持ったりしていた。彼ら奉行人は、自らの職務を通して幕府法令に関する先例を蓄積しており、それらの情報を公家・寺社側や一般御家人たちに（様々なコネクションを通して）提供していたのではなかろうか。

こうした幕府奉行人によってつくられたのが「追加集」の原型である。「追加集」は二十箇条程度から四百箇条に及ぶものまであり、収録追加法も文字の異同や相互の出入りが激しいことから、幕府が公的に編纂した共通のテクストが土台になっているとは到底考えられない。おそらくは幕府奉行人（役人）の家で個別に作成・筆写され、自らの仕事の際に参照し、子孫たちに伝えたのだろう（奉行人の仕事を父子で継承する「家」が成立していた）。ただし、鎌倉期の段階では雑多な法令（現在の研究者のいう追加法）は決して「追加」とは認識されていなかったようである。「追加集」という呼称も後世のものである。

鎌倉幕府滅亡後も、奉行人たちは室町幕府に仕え、式目や幕府法令は効力を失わなかったため、鎌倉期の「追加集」は書写され続けて、法実務に供された。室町期には「式目追加」がなくなり、御成敗式目五十一箇条以外の幕府法令が「追加」と称され、雑多な幕府法令もそこに含まれるようになる。室町中後期には、法実務上の参照のために、複数の「追加集」を関連分野ごとに類別編纂した『新編追加』が編纂されるなど、ある程度の標準化がなされた。現在に伝わる「追加集」はおよそ室町期以降のものであり、多様な幕府法の存在を今に伝えている。『中世法制史料集』も多種多様な「追加集」の古写本から追加法を蒐集し、大変便利なものであるが、「式目追加」から雑多な命令・先例まで、ひとしなみに「追加法」として年代順に並べてしまったことには注意が必要である。

第五章　式目は「分かりやすい」のか

式目の言葉

「仮名」しか知らないような者が多いという北条泰時の書状の一節は、律令に比べて分かりやすく書かれた法であるという御成敗式目のイメージを決定づけたところがある。しかし、実際に式目の本文を読もうとすると、普段中世の史料を読み慣れている人間であっても、解釈に苦労する箇所が多い。「仮名」ではなく、変体漢文（日本語化した漢文）で書かれていることはもちろんなのだが、同時代の変体漢文と比べても読みにくいのである。

律令の文章は一見とっつきにくい。中国の古典などに典拠のある漢語を使っているからだが、漢和辞典を引いて、出典を調べて確認すれば、現在の研究者であってもおおよその意味を取ることは不可能ではない。現代では古典の教養というと古臭くて役に立たないもののように思われがちであるが、前近代のエリートたちにとっては実用の道具だった。意外に思われるかもしれないが、古典に典拠のある文章は、一定の知識や教養、ルールを知っている必要があるものの、それを習得しさえすれば、遠い過去の文章であっても、母語の異なる外国人であったとしても、その文章の意味を理解することはそれほど難しくない。前近代の僧侶や外交使節は筆談して意思疎通するだけではなく、漢詩を詠み、互いの感情や知性を確かめ合うことができた。

ところが、式目の文章は、泰時が「本文」はないと述べたように(五六頁に前述)、中国の古典に典拠のない言葉が多い。もちろん中世の古文書をみると、古典に典拠などなく、中世社会の中で独自に生まれた表現や言葉ばかりである。だからこそ、式目には古典の引用などではなく、当時の生きた言葉や法慣習が語られている、と信じられてきた。しかし、式目の使っている言葉は、同時代の古文書や記録によくみえる言葉というわけでも実はないのである。式目は本当に同時代の中世人たちにとって分かりやすかったのだろうか。

とはいえ、現代人にとっての難易度はともかく、中世人にとって難しかったか、やさしかったかなど、どうやったら証明できるのだろうか。それこそ本当の難問なのだが、幸いなことに式目には同時代の幕府法令がたくさんあって、その文章と比較できる。また、式目のオリジナルは現在残っておらず、後世になって書き写された写本が数多く残っているが、書かれた文章が写本同士で異なっている箇所が少なくない。これらを素材にして、式目の文章は本当に分かりやすかったのかを考えてみたい。

幕府法令との比較

一例を挙げると、御成敗式目の第二十一条には、「もしまたかの妻、功ありて過(とが)なく、新しきを賞して旧(ふる)きを棄(す)てば、譲るところの所領、悔い還(くかえ)すにあたわず」と記されている。これは「妻に功があって過失がないのに、（前夫が）新しい妻をめとるために元の妻を捨てるのであれば、（前夫は元の妻に）譲った所領を悔い返すことはできない」という意味であるが、「前夫が」という主語を補わないと解釈することができない。

一二六七年（文永(ぶんえい)四年）の法令はこの式目第二十一条を引用して、「功ありて過なきの妻(さい)妾(しょう)、離別せらるるといえども、前夫譲り与うるところの所領を悔い返すことあたわざるの由、式目に載せられおわんぬ（功があって過失がない妻妾を離別したとしても、前夫は譲り与えた所領を悔い返すことはできない、と式目には載せられている）」と記す（追加法四三五）。「前夫は」という主語を補うことで、文章を分かりやすくしている。

実はこうした例は数多い（拙稿「御成敗式目の現代語訳はどうして難しいのか」）。式目の文章は、少し後の時期の幕府関係者の目からみても修正を要するものだった。その修正のポイントをみると、現代のわれわれと同じような誤読・疑問の生じる余地があったのではないかと推測できる。式目の文章はいわば悪文で、現代人にとってだけではなく、中世人にとっても「分かりやすい」ものとはいえなかったのではないだろうか。

式目の写本

現在、御成敗式目をはじめとする中世の史料は印刷され、私たちは活字で読むことができる。しかし、中世では書き写されて伝わることが一般的だった。式目も一二三二年（貞永元年）当時の原本が現在残っているわけではなく、かなりの程度時間が経ってから書かれた写本（中世に書かれた写本を古写本と呼ぶ）が残っているに過ぎない。

筆と墨で書き写された文章は、いわゆる「崩し字」で書かれており、活字に比べて読みにくい。書写の過程で写し間違いがあって、文章が変わってしまうことがよくあった。同音異義の文字が置き換わったり、崩し字が似た字同士（「之」と「也」など）が入れ替わったり、あるいは単純な見落としなどで、字は変わっていく。ただ機械的に文字を写せばよいと思う人もいるかもしれない。しかし、文字というのはその文字を知らないと正確に写せないものである。著者も自分の読めないアラビア文字を正確に書き写す自信はない。正しく書写するためには、崩し字で書かれた文字を読んで、この字だろうと「理解」しなければならない。決して機械的な作業ではなく、そこに誤解や誤写が生じる余地がある。

これは式目に限った話ではない。前近代の書物の多くは写本のかたちで伝わっており、写本同士を比較検討しながら、もともとどういう文字だったのかを明らかにする作業が必要になる。これを「校訂（こうてい）」という。佐藤進一・池内義資編『中世法制史料集　第一巻　鎌倉幕府法』は、相対的に古くて良質の古写本とされる「鶴岡本」(前田育徳会尊経閣文庫所蔵)を底本(校訂の際に基準とする写本。「そこほん」ともいう)として、十五種の古写本、三種の板本(版木に彫って印刷した本)、三種の注釈書の本文を突き合わせて、字の異同を整理した校本を載せている。しかし、写本間での字の異同が激しいために、これが本来の式目の姿であろうという定本を提示することは断念し、あくまでも写本間での字の異同を記すにとどまっている。意外なことだが、一二三二年(貞永元年)制定時点の御成敗式目の本文がどのようなものだったのか、実は研究者の間でも確定はしていないのである。

「善意」の加筆者

こうした字の異同について、文字を書き写す際の「うっかりミス」だけではなく、後述するように、京都の学者清原家による「改竄」がなされたという説も唱えられてきた。しかし、そのどちらでもなく、意味が通るように「善意」で字を書き変えたり、字を加えた場合もあったのではないだろうか。

近年、言語学者の永澤済によって、変体漢文における「令」文字の一機能が明らかにされた(「日本中世和化漢文における非使役「令」の機能」)。まず「令」字について説明しておこう。「令」という字は「しむ」と読み、動詞となる文字を後ろに置いて、たとえば「令二知行一(知行せしむ)」と読む。正式な漢文では「(他人に)知行させる」という使役の意味になるが、日本風の漢文では使役の意味がなく、単に「知行する」という意味になり、「令」字があってもなくても意味は変わらない。高校で漢文を習った後、大学で中世の史料を読み始めるとき最初につまずくポイントの一つで、著者自身も混乱したものである。

それではどうして「令」字は書かれたのだろうか。中世の漢文の文章は句読点もない漢字の羅列で、何が名詞で、何が動詞であるのか、よほど文章に慣れないと分からない。ところが、「令」字があると、それに続く漢字が動詞であると見当をつけることができる。永澤は式目の写本間の「令」字の有無を網羅的に検証し、式目の書写過程において「令」字が加わっていくのは、それに続く文字が動詞であることを明示するためではないかという仮説を提起したのである。

私はこの論文を読んで、「善意」の書写者が、自身の読みに従って、文章を読みやすくするために、式目の文字を書き換えた可能性に気づかされた。そのような目でみると、いわゆる二十年の時効規定で有名な式目第八条に興味深い加筆の痕跡（こんせき）を見出すことができる。実効支配していて二十年が過ぎれば、改めて権利の有無を審査するまでもなく、現在の支配者を改めることはしない、という規定であるが、一部の古写本には「当知行の後、その沙汰なく、二十年を過ぎれば」として「無其沙汰」（原文漢文）の四文字が加えられ、「実効支配していて、訴訟がないまま、二十年が過ぎれば」となっている。その所領をめぐる裁判が始まっていたら、訴訟の途中で二十年が過ぎたからといって、時効が成立するということはあり得ない。文意からすれば加わっていたほうがより正確であるが、「その沙汰なく」はなくても意味は通るので、言わずもがなではある。

しかし、奴婢（奴隷的な隷属民）をめぐる紛争の十年時効を規定した第四十一条には、「大将家の例に任せて、その沙汰なく十箇年を過ぎれば」として「無其沙汰」の四文字が加わっている。戦国時代の清原宣賢は、式目注釈書の中で、第八条では「その沙汰なく」を補って解釈するとともに、第四十一条の法文を「見どころがある」と評価している（『清原宣賢式目抄』）。第八条に「その沙汰なく」の文字を補った書写者も、こうした宣賢の考えに近く、おそらくは真面目に考えて「善意」で文字を補ったのではないだろうか。

清原家は本当に「改竄」をしたのか

さて、前述したように、御成敗式目の本文には故意に改竄された箇所があるという説がある。朝廷の外記（文書局）の役人を代々務めた清原家が式目注釈学の中心となり、中世末期には式目学の覇権を握っていく。近世以降流布していく式目の本文は清原家系統のテクスト（清家本）だが、中世の武家側の古写本のほうがより古い形を伝えている。武家系統の古写本と清家本の相違点として、第四条の「贓物」が清家本では「財物」、第十八条「忠孝」の文字が清家本では「志孝」となっているという二点が指摘されている（植木直一郎『御成敗式目研究』）。さらに第六条では「沙汰出来」が清家本では「沙汰来」となっている（佐藤進一『鎌倉幕府訴訟制度の研究』)。

ただし、古写本の調査から判断して、意図的な字の改変とはいえないのではないかという指摘がなされている(安野博之「清原家と『御成敗式目』」)。また、第六条に関しても、武家系統の古写本にも「沙汰来」という文字がある。単純に清家本の特徴とはいえない。

改竄説では、清原家が自分の家に伝わる式目テクストの権威を高めるために、武家系統の写本との違いを意図的に強調するために字を改めたと説明されている。だが、清原家の式目学の集大成ともいえる「清原宣賢式目抄」をみると、「俗の本には『贓物』と書く。家の本には『財物』とある。ともにその意味は変わらない」と書かれている。「贓物」とは犯人が隠匿していた盗品のことであり、第四条では自白があっても盗品という証拠がなければ共犯者を処罰できないとしている。「財物」では意味が通らないため、宣賢も説明では「贓物」という言葉を使っている。宣賢の注釈態度は、家説の卓越性を強調する傾向が強いことが指摘されているが(田中尚子『室町の学問と知の継承』)、宣賢は「財」の字にこだわっておらず、それによって自家の権威を高めようとはしていないのである。

式目第十八条には、娘に譲った財産を親が「悔い返す」ことを認めなければ、娘が「忠孝」を尽くさなくなるという一文がある。「清原宣賢式目抄」はここでも「他の本では『忠』とする。忠すなわち孝である。『忠臣を孝子の門に求む』(『後漢書』韋彪伝に由来する格言)という。だから、『忠孝』は理がある。ただし相伝の本では『志孝』となっている」と述べており、必ずしも清家本の「志孝」という字が正しいとは主張していない。

忠孝とは儒教的な徳目であるが、忠は主君に、孝は親に対するものである。主君への忠と親への孝が矛盾したときにどうするのかは儒学において大きな問題だった。鎌倉後期の斎藤唯浄もここは「至孝」とすべきではないかと述べている（『関東御式目』）。おそらくは同様の疑問を抱いて、「忠」と崩し字の書体の似た「志」に間違えて書写されたことがあったのではなかろうか。ただし、鎌倉時代の僧侶の財産譲与文書にも、親への「忠孝」という文章がみえるので（『大日本古文書　大徳寺文書別集 真珠庵文書之六』）、日本では忠と孝の意味の違いが意識されず、「孝」の意味だけが意識されて、決まり文句として利用されることもあったようだ。だが、儒学の勉強をして真面目に意味を考えようとする読者たちは、「忠孝」ではなく「忠」が別の文字なのではないかとずっと悩んできたようである。

新しい言葉

さて、御成敗式目は中世人にとっても「分かりやすい」文章ではなかったということをみてきた。泰時たちはまだ法文をつくるのに慣れていなかった。しかし、式目はそれにもかかわらず「有名な法」として中世社会で広まっていく。その結果、式目に使われている言い回しや言葉が、人びとの間で広まっていったのではないだろうか。

歴史研究者は古い言葉を調べるときに小学館の『日本国語大辞典』第二版をまず引くこと

が多い。「日国（にっこく）」という愛称で親しまれているこの巨大国語辞典の特徴は、古い時代の用例を列挙してくれていて、言葉の歴史を調べるときに有益である点にある。ところが式目に書かれた言葉を「日国」で引くと、式目が最初の用例として登場することが少なくない。もちろん式目の言葉が当時の武士たちの日常的な言語であるとすれば、文献史料には登場しなかった言葉が式目で初めて記録に残されたという可能性は否定できない。

　そこで当時、日常的に使われていた「言葉」と比較しながら式目の言葉をみていきたい。具体的には式目第十二条の規定する「悪口（あっこう）」という言葉を取り上げたい（八七頁以下に前述）。意味は現代語の悪口（わるくち）と同じであるが、何が「悪口」に相当するのか規定が明らかではない。裁判の場で「悪口」といわれている実例をみると、相手の身分に関わること（「あいつは侍ではない」）が多い。また、「母開（ぼかい）」に関する悪口もあった。「開」字には女性器を意味する「つび」の訓があるので、「相手の母親の性器に関する悪口」がなされていたようだ。「おまえの母ちゃん出べそ」という子どもの悪口があるが、中世では大人同士が相手を罵倒（ばとう）するときに「母開」が持ち出されていたようなのである。

　ともかくも何が「悪口」となるのか、幕府法に規定がないために、裁判では敵方が「悪口」をいったという告発に事欠かなかった。「式目に載せられた」ために「立法者が夢にも思わなかった場の中で人を威嚇（いかく）し、自由や財産を奪う根拠となり得」たのである（網野善彦ほか『中世の罪と罰』）。現代の法律家からみると、「悪口」の定義がない点で、立法技術に問題があるのだが、定義の曖昧さも、人びとにとっては使い勝手のよさになったのだろう。

この「悪口」という言葉も実は式目以前にはありふれた言葉ではなかった。いわゆる悪口を意味する言葉は何だったのか。鎌倉後期の注釈書では、「悪口とは悪言のことである」と説明されており、実際「悪言」という言葉が一般的だった。幕府法廷では「過言」という言葉が使われることも多く、『沙汰未練書』という鎌倉末期の奉行人のマニュアルでも「悪口とは過言のことである」と説明している。ほかにも「虚言」「放言」「誓言」「雑言」といった言葉も目立ち、当時の文書語では「〇口」よりも「〇言」という言い回しが多かったように思われる。

式目制定後、幕府法廷の場で「悪口」の用例が増えるのはもちろんのこと、幕府以外でも「悪口」という言葉が登場する。一二四一年（仁治二年）の東大寺の僧侶たちの起請文は、「悪口の輩」を処罰するとき「一味同心」することを誓ったものである。最初は「悪言」と書き、「言」に重ね書きして「悪口」に直している（『大日本古文書　東大寺文書之六』）。どうして書き改めたのかは不明だが、「悪言」に代わって「悪口」の語が広がっていくことが背景にあるのではないだろうか。一二六二年（弘長二年）につくられた現存最古の村掟では、十五名の百姓たちが「悪口」をなす者を追放する規定を定めている（近江国奥島荘百姓の村掟）。「式目」が「悪口」の罪を定めた理由は、御家人同士の喧嘩の原因になるので、それを予防し、幕府内の秩序を守るためだった。東大寺の僧侶や奥島の百姓たちの場合にもみられるように、共同体を維持するために共同体内部での「悪口」を厳禁とする法は、「式目」の影響のもとで中世社会に広がっていったのではないだろうか。そもそも「悪口」という言葉が広がっていくのは、式目に載せられたために「有名」となり、人びとがこの言葉を利用して訴訟を起こしていくからであるが、いったん「悪口」罪が人びとに知られていくと、口論をきっかけにした喧嘩が絶えない中世社会であるので、人びとは自分たちの共同体維持のために「悪口」を禁じる法をつくる動きも始まっていく。皮肉な現象である。

どうして「式目」は「悪言」ではなく「悪口」という言葉を用いたのだろうか。平安時代後期に流布していた教養書『口遊』では、十善戒という戒律の一つとして「不悪口」が挙げられていた。仏教語として「悪口」という語が知られていた可能性がある。また、『梵網経』下巻という経典には「悪口」によって他人を「罵辱」するだけではなく「手で打ち」、「刀杖」で打つという一節がある。こうした仏典の言葉を引用して、九七〇年（天禄元年）の天台座主良源「二十六箇条起請」は比叡山（延暦寺）の山内における喧嘩を禁じている（『平安遺文』三〇三号）。「闘殺の基、悪口より起こる」という式目第十二条の思想もまた寺院法に由来するのではないだろうか。

悪口と同じ意味の「放言」という表現は、式目制定前も制定後も多い。一二二〇年（承久二年）頃、ある地方寺院の僧侶が、自分の寺の僧に「放言」したということを口実に、在庁官人系の武士の持つ公田を「過料」（罰金）と称して勝手に没収してしまう事件があった

（『鎌倉遺文』二六六七号）。「過料」という言葉は用いているものの、その僧侶が警察検察権を行使しているというわけではなく、まさに悪口をきっかけにした喧嘩に過ぎない。ただ「放言」を犯罪とみなす意識は、集団生活の場である寺院で始まり、式目に影響を与えたのかもしれない。律令法・公家法の影響が注目されがちであるが、式目の「執筆」が法橋円全という僧侶であり（四九頁に前述）、式目に付属して神仏への誓いである起請文が立てられていたように（六七頁に前述）、寺院法の影響も決して無視できないのである。

常識が生まれるとき

式目の言葉は、一二三二年（貞永元年）式目成立当時の武士たちにとって見慣れないものも多かっただろう。しかし、現在でも何か新しい言葉が登場して知られるようになると、一種の流行語となって爆発的に広がるという現象がある。「道理」という言葉も流行語だった（七〇頁に前述）。「分かりやすい」から広まるのではなく、有名になったから広まり、広まった結果、誰でも知っている言葉になったから「分かりやすい」ものになった、という現象は現代でもみられる。もはや中身など関係がなく、有名であることこそが正義なのだと勘違いする人も現れる。こうした現象は現代の大衆社会に始まる新しいものでもなんでもなく、長い歴史の中で繰り返されてきた、愚かではあるが愛らしい人間の一面なのかもしれない。人びとはそうやって世間の常識というものをつくりだし、社会を築いてきたのである。

III

第六章　女性と「もののもどり」

女性の地位の高い時代

鎌倉時代は女性の地位が高かった。そういうと、中世は武士の時代で、男性的なイメージがあるという人は意外に感じるかもしれない。しかし、現在の高等学校の日本史教科書でも、鎌倉時代には親の財産が子どもたちに分割され（分割相続）、女子にも相続権があったことが記されている。妻は夫とは別に財産を持ち、夫の死後は「後家」として家を切り盛りした。こうした鎌倉時代の女性の地位を探る基本史料となってきたのが、御成敗式目だった。明治時代に日本を訪れたイギリス人外交官も式目を読み、江戸・明治と異なって、女性の社会的地位が高いことに驚いていた（二三五頁に後述）。

十四世紀以降、武士の「家」が確立すると、子どもたちへの分割相続をやめ、「家」を継承する嫡男にのみ単独相続させることが一般的になる。現代でイメージされる家族（結婚等による個人の結びつきで生まれる）とは異なり、中世的な「家」とは財産（家産）と仕事（家業）とを一体のものとして維持・継承していく単位で、一個の経営体だった。「家」が拡大している時期には「のれん分け」のように分家をつくることもあったが、何度も繰り返すように、中世は低成長の時代だったので、そうした拡大局面の機会は乏しく、「家」をつくって分割相続を制限し、家産・家業を維持しようとする動きが強まった。中世後期（室町・戦国期）にはこうした趨勢が強まり、女子は相続権を失ってしまう。そのような中世後期に比べると、中世前期（特に鎌倉期）は女性の権利が強い時代にみえる。源頼朝の妻で「尼将軍」と呼ばれた北条政子をはじめとして、政治的に活躍する女性が多いことも、この時代の女性のイメージを引き立たせている。

一九一一年（明治四十四年）、女性解放運動のリーダーだった平塚らいてうは、「元始女性は太陽であった」と述べた（雑誌『青鞜』発刊の辞）。原始には女性の地位が高かったが、時代が下るに従ってその地位が低下するという歴史像は、近代社会では広く共有されていた（F・エンゲルス『家族・私有財産・国家の起源』）。現代における女性解放・地位向上の運動とも関わって、歴史上における女性の地位に関心が集まり、「経済史」や「社会史」と並んで「女性史」と呼ばれる歴史学上の一ジャンルが生まれた。そうした流れの中で、女性の財産相続権に関する規定が式目にあることは注目されてきた。

しかし、分割相続から嫡子単独相続へという流れのもと、相続権を失っていくのは女子だけではない。嫡男以外の男子（庶子）も同様であることに注意が必要である。「家」の存続に不適切と思われれば、嫡男であっても親から縁を切られ、娘に（異姓の）婿養子を取って継がせるなどの手段により、より適切な人材が養子に迎えられることもあった。大事なのはあくまで「家」の存続であって、嫡男であっても決して自由ではない時代だった。

中国では伝統的に、男子の間での均等分割相続が原則だった（滋賀秀三『中国家族法の原理』）。中国では父系の血脈（「気」）が重要視されており、父親の「姓」を子どもたちが継承し、女性は姓の異なる男性と結婚することが求められ、結婚後も父親の姓を変えることはなかった（現在でも中国や韓国では夫婦別姓である）。一方、日本古代の「姓」は、天皇が与えるものだった。中国の「姓」をモデルにしていたが、父系の血脈は絶対視はされず、同姓同士の結婚も行われ、異姓の子を養子に取ることも認められるようになった。日本の古代が、父系と母系のどちらかを絶対視しない「双系的」社会だったからだと説明されている（吉田孝『律令国家と古代の社会』）。古代では女性も財産を相続でき、中世前期にも女性を含めた分割相続を当然視する社会慣行が残っていたのである。

中世的な「家」が成立すると、父子継承の論理が強まったが、実際に重視されたのは父祖の血脈ではなく「家」の存続だった。日本の名字（苗字）は、父系原理に基づく「姓」とは異なり「家の名」であり（ただし現代の日本では姓は名字と混同されている）、女性は「嫁入り」すると実家ではなく夫の家の名字を名乗ることが一般的だった。

女性の地位が低下して、男性社会になっていくという側面もあるのだが、「家」中心の社会への大きな変化のもとでは、男性も「家」の中で役割を割り振られた存在に過ぎない。近年の歴史学では「女性史」を継承するかたちで、歴史的に男女の性差（ジェンダー）がどのような権力関係によって構築されていくのかを分析する「ジェンダー史」という潮流が生まれ、男性性やＬＧＢＴなども対象とした様々な新しい研究成果を生み出している。

式目の女性規定

御成敗式目の女性規定も、女性の地位一般というよりは、成立途上の「家」の問題としてみていく必要がある。式目における財産相続の規定は第十八〜二十七条であり、そのうち女性に関する規定は第十八条、第二十一条、第二十三〜二十五条である。まず女子相続を直接規定している第十八条をみよう。いったん子どもに譲った財産を親が取り返して別の子どもに与えることを「悔い返し」といった。この条文は娘からの「悔い返し」に関する規定である。

一、所領を女子（娘）に譲り与えたのちに、不和になったため、その親が「悔い返す」ことができるかどうかについて

男子と女子の違いはあっても、父母の恩は同じである。律令法の専門家が反対するとし

ても、女子からは「悔い返し」をしないという法文を拠り所として、親不孝の罪を犯すことを憚らないだろう。父母もまた敵対して争いとなることを恐れて、所領を女子に譲らなくなるだろう。親が子を義絶する原因となるし、子が親の命令に背く原因ともなる。女子がもし親に背くことがあれば、父母は「悔い返す」もしないも自由にできるのがよいだろう。これによって女子は譲状の内容を実現するために親孝行を尽くすし、父母は女子も可愛がって育てるため、男女の別なく慈愛（財産相続）を与えるだろう。

繰り返すように、式目は、基本原則を前提にして、そこから派生して具体的に問題になっていたことについて判断を示していた。この条文は、「男子と同じく、女子もまた親の財産を相続できる」、「親は男子からはいったん譲った財産を悔い返すことができる」という二つの原則を前提にしている。このうち前者の部分について、女子にも相続権があったことが注目されてきた。鎌倉時代には地頭職を持つ女子もいたし、御家人として軍役を勤める女性もいた（ただし、自ら武装して軍役を勤めるのではなく、代官を派遣していたようだ）。

しかし、ここで重要なのは、女性の財産相続権は式目以前から広く認められていたことである。式目の規定自体は、そのことを前提にして、親に「悔い返し」権を認めるという点で、財産相続された女性の権利を制限するものだった。この点を見落として、「式目」でも女性の財産相続が認められていたという言い方をするのは正確ではない。

「悔い返し」とは何か

この第十八条の条文をさらに読み解いていくと、男子に譲った所領を「悔い返す」ことは当然視されており、男子と同じように女子からも「悔い返し」できるかどうかが論点になっている。女子にも相続権はあることは分かったが、どうして男女でそのような違いがあるのだろうか。そもそも「悔い返す」とはどういうことだろうか。

女子からは「悔い返し」しないという規定は、「法文」つまり朝廷の公家法に書かれていた（『法曹至要抄』）。公家法には、他人にいったん贈与したものは取り戻すことはできないという規定があった。そして、女子は結婚すると、他人である夫がその財産を管理するようになるので、他人への贈与と同じであるという論理だった（五味文彦「女性所領と家」）。当時、他人に贈与したり、それを取り戻そうとする動きは、現代人の考える以上に大きかったのである。

中世の社会は売買と同じくらいに、あるいはそれ以上に贈与のやりとりが大きな比重を持っていた（桜井英治『贈与の歴史学』）。しかし、「タダほど怖いものはない」のである。与えた分はいつか見返りが欲しいし、譲ったり、譲られたりのやりとりがある。一見すると見返りを求めないはずの寺院への寄進であっても、死後の世界を信じ、極楽往生を願っていた中世人のことであるから、自分の死後の供養を寺院に期待してのことであった。自分の老後の世話をしたり、没後の供養をしてくれる見返りとして、親子の契約を結んで、他人に財産を譲ることもあった。肥大化した贈与の慣習もまた、公的な福祉サービス（公助）を期待できない中世人なりの生存戦略だった。

こうした社会において、「他人に贈与したものは取り返すことはできない」という法理は、贈与をめぐるトラブルに一定の歯止めをかけたのではないかと思われる。問題は子どもたちに譲った財産を取り返すこと、つまり「悔い返し」ができるかどうかだった。親への「不孝」があって、親が子を「義絶」した場合などを例外として、基本的には子どもからの悔い返しは認めない、というのが公家法の基本的な原則だった。「家」の成立とともに、息子や孫からの「悔い返し」を事実上認めるようになったとしても、嫁いだ娘からの悔い返しは認めないなど、公家法の基本的なスタンスは、親の恣意的な「悔い返し」を制限するものだった。当時は分割相続が一般的で、家族・姻戚関係も複雑に入り組んでおり、贈与や譲与も様々なかたちで行われていたから、現実には親子間でトラブルが絶えなかった。

「式目」がまず女子の規定を掲げたのはどうしてだろうか。「式目」に影響を与えた坂上明基の法書『裁判至要抄』（一二〇七年〔承元元年〕成立）をみると、夫のある娘に譲った財産は「夫婦同財」であるので「悔い返し」できない、とされている。「悔い返し」を拡大しようとする親の動きがあり、それを制限して子の権利を守ろうとするかたちで法律家の判断がなされていた。これに対して、「式目」第十八条は、おそらく『裁判至要抄』を参考にして、

「法意」（公家法）では女子からの「悔い返し」は認めていない、としながらも、男子からの「悔い返し」が当然であるから、女子からの「悔い返し」も認められるという論法をとっている。

だが、男子からの「悔い返し」も当時必ずしも自明ではなかった。公家法では親の恣意的な「悔い返し」を制限しようとしていた。「式目」第十八条だけではなく、第二十条もまた「その子が生きているといっても、悔い返すことは何の妨げもない。ましてや子や孫が亡くなった後は、彼らに譲っていた所領は父や祖父が自由にしてよいのだ」と記し、男子からの「悔い返し」をあたかも自明の前提としているが、日本法史上、式目が女子のみならず男子からの「悔い返し」の合法性を初めて明記した法であることには注意しておきたい。

幕府の「悔い返し」容認

御成敗式目はどうして女子からの「悔い返し」を認めたのだろうか。一般的には、武士社会は子に対する親の親権が強かったからと説明されている。室町幕府は大名の「家」の家督（家長の地位）相続に介入などを行ったのに対して（佐藤進一『南北朝の動乱』）、鎌倉幕府は「家」に不介入の姿勢をとったといわれている。それほどに父親の権力は強かったのだろうか。

しかし、式目第十八条は、子が親に孝行するのは財産相続のためで、親の「悔い返し」権を認めないと子が親に背くし、親も娘に財産を譲ることにリスクを感じるようになるというリアルな社会観に基づいて書かれている。現代社会においても新自由主義の風潮が強まるとともに道徳の重要性が説かれる傾向があるが、式目もまた「忠孝」のような儒教道徳の言葉をちりばめながら、その根底には親子の情愛も素朴に信じることのできないような打算的で、刹那的（せつなてき）な人間観・社会観が横たわっていた。それは骨肉相食（あいは）む幕府の内紛を生き残った北条泰時の個人的な体験によるものだけではなく、治承・寿永の内乱によって平安期の社会がいったん壊れ、戦乱と飢饉の相次ぐ鎌倉時代に生きる人びとにある程度共有された感覚だったのではないだろうか。

実際のところ、父親の北条時政（ほうじょうときまさ）を追放した政子・義時姉弟をはじめ、一般の武士の家でも、子が親に反抗するという事態は数多い。離婚・再婚も多く、母親の異なる兄弟がいる中で、父親の権力が絶対であることは当たり前ではなかった。当時の武士社会も父系が第一なのではなく、姻戚関係や母系による結びつきが重きをなしていた。武士たちは周りの武士団とネットワークをつくり、合戦のときには協力し合ったりしていたが、そうしたネットワークづくりにおいて、女性の婚姻は重要だった。女性は親から財産を相続し、夫とは別に財産を持っていた。そもそも第十八条の規定も「父」ではなく「父母」の「悔い返し」権であり、女性が財産を譲る権利を持つことを前提とすることに注目したい。

式目第二十三条では、公家法では女性が養子を取ることを認めていないが、社会の実態はそうなのであるとして、子どものいない女性が養子に財産を譲ること（女人養子）を認めている。実際、貴族社会でも地方社会でも、女性が「養子」に財産を譲るという事例は数多くみられる（高橋秀樹『日本中世の家と親族』）。

律令法の規定では、養子を取る主体は男性であり、女性が養子を取るという規定はない。そこから女性が養子を取ることは認められていないのではないかという言説も生まれていたようである。しかし、当時の公家法の法書『法曹至要抄』『裁判至要抄』などに女人養子を禁止する明文規定があるわけではない。何か具体的な相論（紛争）を背景としていたからなのか、式目は敢えて女人養子には法的な問題がないということを明言したのである。養子という形式ではないが、北条政子もまた、実朝暗殺後、三寅（頼経）を将軍家の後継者とし、後家として後見している。そうした幕府の経験も第二十三条の背景にあるのかもしれない。

幕府と「家」

意外に思われるかもしれないが、「家」の形成や男子への相続は、武士よりも都の貴族社会のほうがやや早い。中世の貴族は、親と同程度の官職を得て、代々朝廷に奉仕することによって社会的地位を維持し、継承していた。その官職には限りがあり、男子しか就くことができないので、男子によって継承される家という観念が生まれる必然性があったのである。財産相続に関しても、親が自分の意思で自由に処分することができた。

式目第二十二条は、幕府に奉公している兄が、父親によって所領の配分から除かれてしまったとき、あくまでも親の意思を尊重するが、新たな嫡子の相続分の「五分の一」を兄に宛がうという救済処置を記している。武士社会における親権の強さを物語るものとして言及されがちである。この第二十二条に関連して説話集『沙石集』には北条泰時が幕府への忠義ある兄と、親からの譲状を持つ弟を前にして、自分では判断できず、律令法の専門家に意見を求めたという挿話がある。弟に譲るという父親の遺志が尊重されるべきであるという法律家の意見に従って、泰時は弟に安堵を与えている（六六〜六七頁に前述）。ここにみえるように、親の意思が尊重されるべきであるというのは公家法の発想である。むしろ力点は、そうした公家法の原則を認めつつ、親から相続を許されなかったものの、幕府への奉公のある兄弟たちへの救済処置であるとみるべきだろう。幕府への奉公という観点から、御家人の「家」に介入している事例であるともいえる。

　室町時代の場合、嫡子単独相続とともに「家」が確立したからこそ、幕府は家督の決定に介入することを通じて家臣の「家」をコントロールすることができたのである。江戸時代の話になるが、村（村落共同体）がしっかりしていたので、大名は村の自治を認め、村に支配を下請けさせ、村を通して統治を行うことができた。

　それに対して、鎌倉時代の御家人の「家」はそれほど確立したものだったのだろうか。むしろ分割相続によって家産も分散しやすく、婚姻関係もあって一族結合に流動的な部分があったため、幕府が武士たちの「家」を管理し、支配の基盤にすることも容易ではなかった。しかし、幕府の基盤は御家人の奉公にあったため、幕府としては御家人集団を維持し、御家人の所領の分散・散逸を防ぐ必要があった。そのために親の「悔い返し」を認め、親権を尊重する姿勢を持ったというのが実情だったのではないだろうか。「悔い返し」拡大を制限する志向を持つ公家法とは異なり、幕府法が「悔い返し」可能な範囲の拡大を目指す事実に関しても（追加法一四七・六二〇・七四四）、御家人の「家」や親権がそれほど強かったという実態を読み込むべきではない。一二四〇年（仁治元年）には、幕府は祖父母・父母に対して子や孫が相論を起こすことを禁じている（追加法一四三）。幕府による一種の「家」の保護育成政策を認めるべきであろう。

「後家」の再婚

幕府も「家」内部に介入する場合があった。夫の所領を譲られた後家が再婚した場合である。式目の第二十四条には次のように書かれている。

一、夫の所領を譲り得た後家が再婚することについて
夫の所領を譲ってもらった後家であれば、きっと他事をなげうって、亡夫の追善供養をすべきである。法に背くことはその咎(とが)めがないというわけにはいかないだろう。すぐに

貞心を忘れて再婚するようなことがあれば、夫から譲り得た所領は亡夫の子に与えなさい。もし子がいなければ、(幕府が没収して) 別の者に与える。

「貞心」という儒教的な倫理に基づく言葉が使われてはいるが、式目が用いる論理は「後家が夫の所領を譲られるのは、夫の供養のためである、だから夫の所領を持ったまま再婚することは許されない」という中世人にとってリアルな認識である。再婚した後家の所領は、没収して亡夫の「子息」に宛がうが、もし「子息」がいなければ一族もしくは他人に幕府から宛がうという。

律令 (戸令(こりょう)) では、遺産配分終了後、夫の遺産を持ったままの妻の再婚は認められていた (式目に影響を与えた『裁判至要抄』も同様)。幕府が夫の財産を持ったままの再婚を禁止するのは、後家に亡夫の「家」をきちんと維持してもらうためだろう。北条政子の事例が著名であるが、後家は亡夫に代わって家の経営を行っていた。「亡夫の追善供養をする」ことには、亡夫の家をきちんと守っていくことが含まれていた。「後家」という言葉自体、もともとは遺族という程度の意味だったが、中世的な「家」が成立するとともに、夫を亡くした妻を指す言葉になる (久留島典子「後家とやもめ」)。幕府が御家人の「家」を維持させようとするとき、妻の立場を「後家」という言葉で表現することは象徴的である (『裁判至要抄』は「後家」の語は用いず)。

そうであれば、後家が亡夫の「家」をきちんと維持・管理してくれる限りは、後家が別の男性と結ばれることを認めてもよいのではないかという考え方も成り立ち得る。実際、一二三九年（延応元年）には、第二十四条を事実上修正する「追加」が式目の奥に書き込まれた（追加法一二一）。つまり、再婚した後家が、亡夫の所領や「家中」の経営を行っていたとしても、男性との関係が「内々の密儀」であり、後家として夫の家を維持することに支障がなければ、再婚したという噂があっても幕府は関知しない、と。

公武婚

後家の再婚をめぐるやりとりをみていても分かるように、幕府が許容するのは、幕府の支配基盤である御家人の「家」が揺るがない限りだった。そのことを端的に示すのが式目の第二十五条である。

一、関東御家人が公卿（くぎょう）や殿上人（てんじょうびと）を婿君として、所領を譲ることによって、公事（くじ）（御家人に課される経済的負担）を勤める所領が減少することについて

所領はその女子に譲り、独立させたとしても、公事についてはその所領の大小に応じて、宛て課すべきである。親父が存命のときはたとえ許し免じて、女子には宛て課さなかったとしても、親父が逝去した後は、当然催されて勤めるべきである。もし夫の権威を笠（かさ）

に着て勤仕しなければ、その所領を辞退させるべきであろう。そもそも将軍御所に仕える女房であったとしても、宮仕えする者にも当然賦課される公事を怠ってはならない。そうである以上、（公事の負担を）難渋したならば、所領を知行してはならない。

鎌倉幕府の財政基盤は、将軍の知行国（関東御分国）や将軍が荘園領主となる荘園（関東御領）もあったが、最大のものは御家人に課す御家人役であり、御家人は御家人所領の収入をもとにして幕府に奉仕した。御家人所領には御家人役が紐付けられていた。

御家人の娘が京都の貴族や中下級官人に嫁ぐことは珍しくなかった（鈴木芳道「鎌倉時代の公武婚」）。御家人は内裏大番役で京都に滞在しており、婚姻を通して京都とのコネクションをつくることは利益があった。また、貴族の側にとっても、その持つ富や幕府へのルートを期待して、有力御家人との婚姻関係を結ぶことには利があった。しかし、こうした女子が、貴族である夫の権威を笠に着て御家人役の負担を拒否することがあったらしい。式目第二十五条は、その場合は所領相続を辞退せよ、と厳しい態度を示している。

式目制定から八年後の一二四〇年（延応二年）、幕府はさらに式目の方針を改め、五位以上の貴族に嫁いだ女子にはそもそも所領を譲らないように命じている（追加法一四四）。貴族と御家人女子との間に生まれた子どもは貴族社会の一員となる。式目第二十五条の段階では、娘の父親の没後のことが想定されていたが、さらに世代交代が進めば、幕府の管理が及ばなくなってしまう。結局のところ幕府は貴族に嫁いだ娘への譲与を全面禁止せざるを得なかった。そうした娘への譲与を前提とした式目第二十五条の規定は事実上死文化したのである。

従者への宛がい

こうした幕府の姿勢は、女子への相続だけではなく、従者への贈与についても確認される。御成敗式目第十九条は、娘からの「悔い返し」を容認した第十八条に続いて、扶持(ふち)した従者に与えた所領に関する条文である。

一、親族か他人かを問わず、目をかけて養われていた者が、元の主人の子や孫に背くことについて

人から保護を受ける者は、可愛がられるときは子息のようだし、そうでなければ郎従のようであろう。そのような者が忠実に勤めるとき、元の主人はその思いに感嘆するあまり、所領の宛がい状を渡したり、譲状を与えたりしたのである。（ところが、保護を受けた者がその所領を）贈与された物であると主張して、元の主人の子孫と相論を行うことは、非常によくない企みである。恩顧にありつこうとするときは、（主人に対して）子息のように振る舞い、あるいは郎従の礼を示すが、（主人の子孫に）背いたのちには、他人（からの贈与）であると称したり、敵対の意思を示したりする。（保護を受けた者が）すぐ

さま元の主人の恩顧を忘れて、その子孫に背くようならば、（彼が）譲り得た所領は、元の主人の子孫に返すべきだろう。

武士社会といえば、主従関係の世界だと思われがちである。しかし、主従とはどういうものか、どのような権利・義務関係をともなうものなのか、式目制定当時の社会において、必ずしも自明ではなかった。大きく分けると、当時の主従関係には、代々続くもので隷属的性格の強い「家人」型と、一代限りで契約的な関係である「家礼」型があったが（佐藤進一ほか「時代と人物・中世」）、ここで問題になっているのは「家礼」のタイプである。主人が亡くなって代替わりしたときに、「他人への贈与は悔い返すことができない」と主張して、主人の子孫に敵対する事例が多かったという。公家法の原理でいえば「他人」に贈与したものは「悔い返し」できなかったからである。

これに対する式目の判断は次の通りである。主人が扶持の者に所領を与えるのは、扶持の者が子どものように可愛がられて譲与を受けたり、郎従の礼をとったからであり、「他人」とはいえない。彼らが主人の子孫に敵対したときには、主人から与えられていた所領を子孫が取り戻すことを認めるべきである、と。式目には記されていないが、彼らが主人本人に背いた場合は、当然ながら主人に取り戻す権利を認めていたのだろう。

ここに幕府は「他人」と「郎従」（佐藤進一のいう「家人」）の間にある多様な従属的な人

間関係を取り上げ、主人とその子孫の側の「悔い返し」を認めたのである。一二四七年（宝治元年）とその翌年、幕府は主人と従者が争った場合（主従対論）、従者の訴えを受理しないという法を定めており（追加法二六五）、主従関係における主人の権利を保護する姿勢をとった。しかし、主従対論を禁じる決定が繰り返されること自体、それが起こり得る社会状況があったことを示している。「家」内部のことや主従関係に介入できないというよりは、積極的に自らの基盤である御家人の「家」を守ろうという姿勢であるように思われる。

「もののもどり」政策

「悔い返し」を政策的に認める動きは、所領の売買にも表れていた。御成敗式目の第四十八条では、幕府から与えられた恩領を御家人が勝手に売買することを禁止している。さらに、五位以上の貴族に嫁いだ娘への財産譲与を禁じた追加法と同じ一二四〇年（延応二年）には、（幕府から与えられたわけではない）「私領」であっても侍身分ではない庶民や金融業者に売却してはいけないと定められた（追加法一四五）。この段階では御家人ではない侍（非御家人）への売却は認められていたが、一二六七年（文永四年）のいわゆる「文永の徳政令」では、私領か幕府からの恩領かに関わらず、御家人の「他人」への所領贈与や売却・質入れが禁止されるようになる（追加法四三三・四三四）。この法令は三年後に破棄されたが、「他人」への所領贈与禁止は一二七四年（文永十一年）には再立法されており（追加法四六一）、御家人所領の維持が幕府の基本政策となっていく。

売却されたり、質流れしたりした御家人所領の返還命令といえば、いわゆる「永仁の徳政令」（永仁五年〔一二九七〕）が有名である。名著『徳政令』の著者笠松宏至は、「永仁の徳政令」が幕府の想定を超えて社会的に広く受容された背景として、「もののもどり」を容認する法慣習が中世社会の底流にあった可能性を指摘している。しかし、幕府法の展開に即していえば、「御家人役の減少を防ぐ」「御家人所領の流出を避ける」という立法意図を持つ式目の法理が展開するとともに、社会的な影響力を拡大した結果といえるのではないだろうか。

その背景には承久の乱後、幕府が朝廷に代わって国家権力を担うようになったが、幕府は御家人以外に負担を課すことができず、その結果、御家人の負担が増大していたという矛盾がある。この辺りの事情は、第二次世界大戦後のアメリカが、一国家でありながら、主権国家体制を尊重しつつ、国際秩序を維持する責任と負担を担わざるを得なくなり、巨額の赤字財政に苦しむことになった事情に似ているかもしれない。

この矛盾を決定的なものにしたのが蒙古襲来である。一二七四年（文永十一年）および一二八一年（弘安四年）の二度の防衛戦争、さらにその後の防衛体制の継続（異国警固番役）にかかる負担は、幕府財政ついで御家人制を圧迫した。こうした御家人の窮乏化は、幕府の政策としては前述の「永仁の徳政令」などを導いたし、御家人たちの側でも「家」の存続のため嫡子単独相続に移行する動きが始まる背景になった。

蒙古襲来は女性の財産相続のありようにも影響を与えた。一二八六年（弘安九年）、幕府は「異国警固」が解決しないあいだは九州の御家人は女子に所領を譲ってはならず、男子がいない場合は親類の子を養子に取るように命じている（追加法五九六）。文永の役の段階では、女性の地頭・御家人には代官を派遣しており、女性であっても代官を派遣すれば任を果たせると考えられていたが、対外戦争の圧力の下、代官を差し出すだけでは十分な防衛はできないと幕府は判断したのだろう。

この一二八六年の法令と同日には、「式目追加」によって黙認されていた再婚後の後家の亡夫所領知行も禁止し、処罰対象とするという追加法が出されている（追加法五九七）。これは九州御家人に限定した規定ではなく、戦争を前にして御家人の「家」に梃子（てこ）入れを図ったものとみられる。こうした動きは、南北朝の動乱以降、内戦が慢性化していく中世後期に武家の女子が所領相続から排除されていく先駆けになった。

式目の歴史的な位置

前述したように、中国では男子の間では分割相続が原則だった。分割相続の結果、財産が細分化したとしてもかまわなかったのである。官僚制に基づいて個別人身支配を行う中国の場合、分割相続の結果、ばらばらの個人に分解したとしてもかまわなかった。一方、中世日本ではそれは問題となった。なぜならば、中世の日本では「家」が、単なる所領の経営だけではなく、朝廷・幕府の国家運営の基礎単位になっていたからである。朝廷や幕府のトップの地位は、天皇家や将軍家・北条氏の「家」によって継承されていたし、その配下の貴族や御家人も「家」をつくり、「家」の中で業務・仕事に必要なノウハウや知識、財産を維持・管理していた。荘園制を支えたのも御家人を含む在地領主の「家」だった。

長い目でみれば、中国の制度を導入して、中国的な官僚制国家をつくった古代日本が、緩やかに「家」を基盤にする国家に変容していくのが中世の歴史だった。男子への単独相続が最初に始まったのが天皇家や摂関家であったのは、その継承できる地位が一つだったからにほかならない。他の貴族たちや荘園現地で荘官職を持つ在地領主も同様である。そうした動向の中で、女性への相続を含む分割相続も徐々に制限されていく流れにあったが、公家法は原則として親の恣意的な「悔い返し」を制限する保守的な志向を持った。

幕府法は御家人の「家」の強化を積極的に保証し、むしろ御家人の「家」の形成を促していく側面があった。その背景には、公家法の支える朝廷が原理上は日本国全体を統治する権力であるのに対して、幕府は自らと主従関係を結んだ人間（御家人）以外に支配を及ぼすことができないという事情が関わっていた。だからこそ、幕府は御家人の持つ所領の流出を防ぐため、御家人の「家」を強化する必要があった。つまり、「式目」制定時の幕府の姿勢は、武士の「家」内部に介入できないというよりは、敢えて必要以上に介入せず、「家」の強化を図ったとみるほうがよい。

御成敗式目がことさらに律令とは異なる法解釈であることを明記するときは、ジェンダー関係の記述が多いことが指摘されている（野村育世『ジェンダーの中世社会史』）。女性は婚姻関係を通じて家と家とを結ぶ存在であったため、「家」を確立させようとするとき、特に女子に関する問題が争点となったからだろう。従来、式目には御家人や女性の権利保護が規定されており、鎌倉後期にはそうした権利保護が変質していくというイメージで論じられがちだった。しかし、式目には鎌倉後期に顕在化していく「もののもどり」や徳政令の論理がすでにみえるのである。

幕府の不介入原則と呼ばれる現象は、荘園領主に対する態度にも確認することができる。鎌倉幕府は外では朝廷・荘園領主、内では御家人の「家」に干渉することができず、内外に「限界」を抱えていたというのが、いわば通説的なイメージである（上横手雅敬『日本中世国家史論考』）。しかし、治承・寿永の内乱を経て、荘園制が危機的な状況に陥り、荘園領主がむしろ幕府権力に依存しようとしていたのに対して、荘園領主支配を再建し、自立させ、社会秩序を維持しようとしていくのが、鎌倉幕府の基本的な統治構想だった（二六頁に前述）。こうした姿勢は御家人の「家」に対しても同じで、「限界」とは一概にはいえない。幕府法はむしろそうした責任範囲の区分を創出し、上位の規範として機能するものだった。

第七章　庶民と撫民

式目の範囲

法を考えるとき、その法が対象とする範囲はどこまでかを考えることは重要である。高校の教科書にも書かれているように、御成敗式目は地頭・御家人に向けて出された法であり、武士たちを戒めるためのものだった。

幕府自身も式目を貴族や寺社には適用しないと明言していた。しかし、地頭・御家人は荘園領主の支配下にもあり、一つの荘園の上に朝廷・荘園領主・幕府の支配権が重層しているという事情もあって、式目がどう適用されるのかは簡単には割り切れない一面があった。

式目は庶民を直接の対象にした法ではなかった。この時代は、権力が分裂していたことに対応して、庶民もそれぞれの支配者のもとにあった。京都は様々な貴族や寺社が集まる都だったが、どの権門にも所属しない庶民は、検非違使（けびいし）（京都の治安維持にあたった職）の支配に服していたし、荘園・公領の民衆はそれぞれ荘園領主や国衙の支配に属していた。地頭のいる所領であれば、地頭の支配に属していただろう。国家的な軍事・警察権を持つ幕府は、謀叛のような重犯罪者を取り締まったが、庶民がその対象になる機会は乏しかった。

式目の定める「罪と罰」の規定をみると、身分に応じて刑罰が異なることが特徴である。たとえば、第十三条「殴人の咎の事」をみると、「侍」は所領の没収（所領がなければ流罪）、郎従以下は拘禁刑にするとあり、また、第十五条「謀書の罪科の事」をみると、「侍」は所領没収（所領がなければ遠流）、「凡下の輩」は顔に焼き印を押し、偽文書作成者も同罪、としている。「侍」とそれに仕える「郎従」、そして庶民である「凡下の輩」という三つの身分階層が示され、刑罰が分かれている。

古代の律は罪の性格や重さに応じて機械的に刑罰を定め、そのうえで官人身分の者への減刑や罰金への換刑を認めていた。それに対して、式目は身分に応じて刑罰が異なっていたと指摘されることが多いが、より正確にいえば、御家人身分が主に想定され、御家人以外の者がおまけなのである。「凡下」（庶民）の犯罪として明記されているのは、第十五条の文書偽造の場合であるが、これは犯罪の性質上、庶民が文書を偽造して幕府を欺くことがあったからだろう。

ここで鎌倉時代の身分制度について説明しておこう。中世の人びとは、古代国家の官位制を換骨奪胎して、自分たちの身分標識に利用していた。官位制は本来、巨大な律令官僚組織において役人同士の関係を明確化するためのものだった。律令制では一位から少初位（しょうしょい）＝十位までの位階制があり、役所のポストである官職が、その官職に対応する位階によってランク付けされていた（この対応関係を官位相当制という）。ところが、律令制的な官僚制度が解体したのち、官位はむしろ社会全体に広がり、人びとが身分を測る基準となっていた。三位（さんみ）以上の貴族が公卿であり、四位（しい）・五位が大夫（たいふ）である。六位以下が侍である（といっても律令制では少初位からあった位階も、摂関期以降は六位より下は無実化した）。無位無官の者が「凡下」であり、その中でも侍クラスの従者となったのが「郎党」である。

武士の中でも四位・五位の位階を持ち、受領（ずりょう）（地方の国司）の官職を得るクラスは「大夫」層と呼ばれる。相模守（さがみのかみ）・武蔵守となった執権・連署（れんしょ）（執権の補佐役）をはじめ北条氏や足利氏など有力御家人はこのクラスに属するが、武士の中でもごく一握りである。三位以上の公卿は、律令で規定された家政機関（家の財産の管理などを担う組織）である政所（まんどころ）の開設資格を持つが、鎌倉幕府では公卿身分を持つのは原則として将軍のみだった。王朝秩序の側からみれば、幕府とは将軍（鎌倉殿）という公卿の家政機関だった。

「侍」とは、「さぶらう」つまり貴族などに奉仕する者という意味が当初のもので、中世には幕府や貴族などの権門に仕え、所領や「職（しき）」（荘園現地の管理者のポスト）を持ち、伝手（つて）を頼って六位や左衛門尉のような官位を得るクラスのものを指した。大半の一般地頭・御家人はこの「侍」である。「侍」には幕府の御家人ではないが、荘園領主に仕えて下司職などを持つ非御家人も含まれる。

式目の定める「罪と罰」は、基本的に「侍」身分である一般御家人を念頭に置いたものだった。庶民であっても殺人を犯す場合はあるが、第十条「殺害・刃傷罪科の事」は、御家人がその場の偶発的な争いや酒席での酔い紛れで思いがけず人を殺してしまった場合の規定であり、御家人同士の場合しか想定されていない。式目は公家法を参考にして「罪と罰」の規定を設けているが、幕府が独自に付け加えたと思われる「悪口」罪は、御家人同士の喧嘩の原因をなくすための規定である。他の条文もまた、基本的には御家人同士の喧嘩・紛争の原因となるものを列挙し、その責任の及ぶ縁坐の範囲を確定しながら、御家人集団の秩序の維持を目指したのだろう。

人妻との密通

女性をめぐる「罪と罰」を規定した御成敗式目の第三十四条をみてみよう。

一、他人の妻と密懐する罪科について

強姦か和姦かに関わらず、人妻を抱き通じる者は、所領の半分を召し上げて、幕府への

出仕をとどめる。所帯がなければ遠流に処す。女の所領は同じく召し上げる。所領がなければ、配流する。（後半部分は省略）

これは、他人の妻と密通した場合、強姦・和姦を問わず（つまり女性の側の合意の有無に関わらず）、所領半分を没収して（所領がなければ遠流）、幕府への出仕を禁じるという規定である。ところが、密通したとされる女性の側も所領半分没収（所領がなければ配流）とされていた。そのような厳しい規定が実際に適用されていたのだろうか。

戦国期の清原宣賢は、「妻を盗まれておいて、奉行人に訴える者はいないだろう。関東の記録には他人の妻を盗んで殺されてしまった人の記事もある」と述べている（「清原宣賢式目抄」）。自分の妻のもとに忍んでやってきた男性を殺してしまうことは、妻敵討ちと呼ばれており、自宅での殺害であれば社会的に容認さえされていた。この慣習に注目した勝俣鎮夫は、御成敗式目の第三十四条が当時の社会慣行から乖離していることを指摘しつつ、そのような法が定められたのは公家法の『法曹至要抄』をもとに条文を立てたからであり、全くの形式主義的な産物であると論じている（『戦国法成立史論』）。

だが、全くの観念的な所産で、無意味であったようには思われない。当時の鎌倉の武士たちは、妻を寝取られたということで報復をしたり、それぞれ仲間を集めて武士同士の合戦に発展することが日常茶飯事だった。さらに、処罰規定をみると、女性もまた所領を持つことが前提とされていることに注目したい。第三十四条の前提は、所領を持つ御家人の男女の話だということである。平和を維持したい幕府が、御家人同士の喧嘩騒乱を予防するために、御家人男女の姦通を厳しく処断する姿勢を示したのである。こうした目的は「悪口」の咎の規定に似ている（八七〜八九頁に前述）。

合意の有無を問わないという一文は、式目の文章を見る限り、男性だけではなく女性にもかかっているようにみえる。女性側の合意のない「強姦」の場合でも女性を処罰するというのは不条理である。式目が参照したであろう公家法では、和姦の場合と強姦の場合とで処罰を分けていた。どうして式目は区別しなかったのだろうか。

戦国期の清原宣賢は「男女の間で合意があるかどうかは他人には知り難いものだ。そこを（幕府が）判断してしまえば、差し障りが多いだろう。古法（律令法）と異なり強姦・和姦で違いを設けないのは、かえって神妙である」と評価している（「清原宣賢式目抄」）。ここで宣賢が見抜いているように、過去における姦通の有無を客観的に明らかにすることは難しい。似たような事例として、鎌倉幕府は元妻の不貞を訴える元夫の訴えを受けて、元妻と相手の男性に自分たちの無実の誓いを立てた起請文を書かせ、一定期間神社に籠（こも）らせ、誓いが偽りであった時に発生する「失」という現象がその間に起きなかったことを根拠にして、二人を無実としている（『吾妻鏡』寛元二年七月二十日・八月三日条）。

この起請文の事例は、男女の関係の有無という客観的に判断しにくい問題について、神仏の力を借りて落としどころを探ったものと評価できる。こうした事例をみると、御家人同士の喧嘩を予防するための立法であるならば、妻の側の合意があったかどうか白黒をはっきりつけて遺恨を残すよりは両成敗のほうがよいと考えたのかもしれない。

「辻捕」と女性

御家人身分ではない庶民女性の存在がうかがえるのは、第三十四条の後半部分である。先ほどは省略した後半部分をみてみよう。

　次に道路の辻において女を捕らえることについて。御家人については、百箇日間、出仕をとどめる。郎従以下については、大将家御時の例に従って、片方の鬢髪(びんぱつ)をそぎ落とす。ただし法師の罪科であれば、そのときに斟酌(しんしゃく)する。

道路の辻において女性を捕まえて強姦に及ぶ者は、御家人であれば百日間の幕府への出仕停止、「郎従以下」には頭髪の半分を切る刑罰を与えたうえで、「法師」であればそのときの状況に応じて「斟酌」すると規定されている。密通の場が「家」内部であるのに対して、道路において女性を捕らえる行為は「辻捕(つじどり)」と呼ばれていた。「郎従以下」とあるが、ここでも加害者は庶民一般ではなく、御家人とその郎従が基本的には想定されている。一方、被害者の女性は、道路において被害に遭った女性であるから庶民の女性も含んで想定されているのだろう。御成敗式目の他の規定をみると、御家人同士の喧嘩を恐れ、「悪口」や人を殴ることを禁じ、非現実的なほどに重い処罰規定を設けていた。幕府の秩序を維持するという式目の論理からいえば、庶民の女性への性暴力を想定した第三十四条の規定は珍しい。

「辻捕」は、中世社会では珍しいことではなかった。戦国時代の「御伽草子」（短編物語）の一つである「物くさ太郎」という物語には、男性を連れずに寺社参詣をしている女性を主人公が強引に誘って妻にしようとするシーンが描かれている。ここから「辻捕」は社会的に公認された一面もあったとして、女性の性に関するおおらかさを論じる研究者もいたが、男性連れではない女性を襲ってもよいという感覚があること自体、中世社会における治安の悪さの裏返しではなかっただろうか（野村育世「辻捕の光景」）。

それでは鎌倉幕府はどうして「辻捕」を禁じたのだろうか。とりわけ都市鎌倉では「辻捕」は問題となる犯罪であったらしい（追加法一二四）。女性が一人で行動する場として、市場や寺社があった。鎌倉は市場や寺社もあった場所であり、そこで御家人やその郎従による性犯罪が頻発していたのではなかろうか。その「罰」は、他の犯罪に対するような所領没収ではなく、出仕停止や頭髪を半分剃るというように、恥辱を与える性格のものだった。現代の感覚ではやや軽いが、面子を重んじる武士にとって耐え難いものだったかもしれない。

なお、「法師」に関しては、僧侶身分の人間を想定している可能性もあるが、より広く法体（出家者の姿）の人物が想定されているのだろう。彼らには頭髪がないので、「頭髪を半分剃る」という刑罰を科すことができない。式目制定の評議の場にも円全のような法体の者がおり、「私のような坊主はどうしましょうか」という声でも上がったのかもしれない。中世の日本を訪れた外国人が「この国は半分以上の成人男性が僧侶である」と驚いていたように（『老松堂日本行録』）、特に僧侶ではなくても一定年齢に達した男性は頭を丸めて法体になるのが慣習だった（平雅行「出家入道と中世社会」）。信仰心が厚かったというよりは、死後の世界を信じ、自分の極楽往生を願って功徳を積むために、死ぬ前には法体になるというずいぶんと利己的な動機に基づいていた。法体の人物が結婚したり、性暴力の罪を犯したりするのは特段珍しいことではなかった。

式目を利用する地頭たち

以上みてきたように、御成敗式目は、地頭・御家人を対象とした法であった。ところが、地頭たちは自分たちに課された式目を自己の所領支配に利用し始めた。地頭のポストは、謀叛人の所領として幕府が没収して設置したもので、その権益や義務はもともとの（謀叛人が持っていた）ポストが置き換えられたものであるから、必ずしも軍事・警察を領内で担う義務は本来なかった。しかし、ある武士が源頼朝に向かって「頼朝様から鏑矢を頂戴し、海道十五ヶ国における『民間の無礼』を取り締まりたい」と申し上げたと伝えられるように

（『吾妻鏡』建暦三年九月二十六日条）、武士たちの間でも、将軍のもとで治安維持を担うという建前は意識されていたようである。その建前を地頭は利用しようとした。

一二五三年（建長五年）、幕府は諸国の地頭代（地頭の代官）に対して十三箇条から成る刑事関連の法令を発した。それまで地頭の領主支配の内部に介入しなかった幕府が、地頭の苛烈な農民支配を規制するというもので、この時期の幕府の「撫民」すなわち民衆保護政策を示すものとして注目されてきた（笠松宏至『日本中世法史論』）。それとともに、荘園現地で行われていた過酷な刑罰の実態を生々しく伝えている。しかし、地頭の行為を検討すると、荘園現地の独自の法慣習に従ったものではなく、式目という法を外から持ち込み、式目を拡大解釈することによって、荘園現地における権力拡大を図っていたことが分かる。

たとえば、式目第十三条では、御家人同士の「殴人」を厳しく処罰していたが、建長五年令も「摑み合いの喧嘩をしたとしても、怪我がなければ、処罰しないのが民衆の慣習である」と述べるように、喧嘩が日常茶飯事であった中世社会において現実味がなかった。だが、この法令によれば、地頭は「打擲」や「闘諍」であるとして民衆の喧嘩を犯罪扱いして処罰していたようである（追加法二八八）。

さらに、式目第三十四条は、前述のように御家人間での密通を想定した規定であったが、地頭はこれを利用し、名主や百姓たちの間で人妻と密通した者がいるという噂があると、事実であるかどうか確認しないまま証拠がなくても処罰していたようである（追加法二九二）。

実例からみて、地頭が百姓たちに科していた処罰は罰金刑だった。幕府は、他人の妻と密通したときの罰は、名主は罰金二十貫文、百姓は罰金五貫文とし、女性も同様とした。幕府はこれ以上の過大な罰金を地頭が名主・百姓に科すことを禁じたのであるが、一方で地頭が密通を処罰し、罰金を科すことを幕府が認めていることにも注意したい。式目第三十四条は本来庶民の男女たちの密通を処罰する法ではなかったが、地頭たちによって現地社会に持ち込まれ、幕府もそれを制限しつつ認めてしまったのである。

式目第四十一条は、「奴婢」(奴隷的な隷属民)をめぐる訴訟において、訴えを起こすことなく十年が過ぎたならば、いまさら変更に及ばないという規定である。地頭代はこの式目の規定を悪用し、所領内の百姓の子息たちを使役して十年が過ぎたとき、その者を自分の従者であると主張し、他の所領に移るときにも、百姓の子息たちを所従として連れて行こうとしたらしい(追加法二九二)。幕府はこれを禁じ、荘園の現地経営の立場を利用して使役していた百姓たちについて、十年が過ぎても私的な隷属民だと主張してはならないとした。これは第四十一条の曲解ではあるが、本来は幕府が地頭・御家人を規制するために出した式目を悪用して地頭代が現地支配を進めていたことが興味深い。

幕府は式目遵守を地頭に求める

こうした式目の悪用に対して、幕府は地頭に式目の規定を遵守させ、地頭の非法を抑えようとした。

地頭代は殺害・刃傷の犯罪者の縁坐を父母・妻子・親類・所従に拡大しようとしていた（追加法二八三）。これに対して、幕府は式目第十条の「口論によって殺害を犯したならばその罪を親や子にかけてはならない」という規定を示し、縁坐を梃子に警察権を濫用する地頭を抑えようとした。また、窃盗の罪についても、地頭代は縁坐を親類に及ぼすことをしていたらしい（追加法二八四）。幕府は「式目」（ただし第三十三条ではなく、式目の奥に追加された追加法二一）に従って罰金刑の基準を示すとともに、親類への縁坐を禁止している。犯罪者の刑事責任を親類に及ぼす考え方はむしろ地域社会のほうが根強く（笠松宏至『徳政令』）、地頭代はそれに便乗していたらしい。この場合は、むしろ地域社会の慣習を逆手に取った地頭代を制止するために、幕府は式目の遵守を求めているのである。

さらに、地頭代は「人勾引」（誘拐）や「博奕」を取り締まっていた。この二つは式目には規定がないが、式目に先立って朝廷が出した一二二五年（嘉禄元年）の新制で禁止され、幕府はこの新制を諸国の御家人に通達していた（四〇頁に前述）。だから、地頭・御家人は新制に従って「人勾引」や「博奕」を取り締まっていた。幕府もそれ自体を咎めてはいないが、妻子所従に縁坐を及ぼしたり、財産を没収することを禁止し、あくまで違反者を幕府（守護）に差し出すにとどめよと命じている（追加法二八六・二九〇）。

このように地頭代と幕府との間で、法（式目）の解釈と運用をめぐって「いたちごっこ」

のような状況が生まれている。「いたちごっこ」というとネガティブな意味合いをも含むが、式目の誤解・曲解を含めて、式目という共通の法をツールにして、制定者である幕府自身も含めて人びとの間に様々なやりとりが広がっているということに注目したい。式目という法を手にして荘園現地の支配に利用しようとする地頭・御家人の動きに対応して、幕府も式目の適用範囲を拡大せざるを得なかったし、こうして式目はますます「有名な法」になってい き、「有名な法」であるがゆえに、誤解・曲解を含めてさらに人びとによって引用されるという連鎖が始まっていく。一二五三年（建長五年）の「撫民」の法は、地頭の現地支配の中身に踏み込むものだった。幕府の指導者たちにとって大きな方向転換だった。

「民の意」の尊重

一二五三年（建長五年）の「撫民」の法によれば、地頭代は「親子兄弟」の「人勾引」を問題視し、警察権を行使していたらしい（追加法二八六）。「人勾引」とは誘拐して人買いに売ってしまうことを意味するが、「親子兄弟」を「人勾引」するというのはどういう事態だろうか。実は中世では、飢饉や貧困を理由にして、自分の弟や子どもを人買いに売ってしまうことは日常的だった。子どもを売り払ってしまうのは親が生き残るためだけではなく、一家全滅を避け、子どもが飢えから逃れるためでもあった。当時の人身売買契約文書にはそうした親の苦しみが語られている。ところが、地頭代は朝廷・幕府による「人勾引」禁制を濫用して、子や弟を売って飢えから逃れようとした親や兄を罪人とし、その財産を奪おうとしていたのである。幕府は「親子兄弟」の人身売買は無罪であると明言した。

幕府は原則的に人身売買を禁止しており、人買い商人を厳重に取り締まっていたが、百姓の生存を尊重したため、不徹底な一面を持たざるを得なかった。こうした幕府の姿勢は、御成敗式目の制定された寛喜の大飢饉の中で、飢饉時に限定して人身売買を認めていたようなところにもみられる（四六頁に前述）。当然ながら、人身売買容認の規定は緊急措置であり、式目にはみえない。むしろ百姓の奴隷化を防ぐ規定が式目第四十二条にみえる。

> 一、百姓が「逃散」するとき、「逃毀」と称して奪取することについて
> 諸国の住民が「逃脱」するとき、その領主が「逃毀」と称して、妻子を抑留して、資財を奪い取る。そのような行いを企てることは仁政に背く。もし召喚して取り調べたとき、年貢所当の未済があれば、その償いをするべきである。そうでなければ、早く領主が奪取した資財を調べて、返すべきである。ただし「去留」については、「民の意」に委ねるべきである。

「逃散」や「逃脱」、「逃毀」という言葉はどういう意味なのか、また、「ただし」以下の末尾の一文をめぐって多くの論争があった条文である（黒田弘子『女性からみた中世社会と法』

など）。研究史上、「逃散」・「逃脱」は単なる領内からの逃亡を意味せず、百姓が領主に抵抗することと、いわば合法的なストライキを意味するということが分かっている（入間田宣夫『百姓申状と起請文の世界』）。寛喜の大飢饉のさなかであることを考えると、年貢の減免などを求めて、百姓たちのストライキが広がっていた状況が想定される。

しかし、地頭・御家人である在地領主はこれを「逃毀」と見なして、百姓の留守宅に残されていた資財や妻子を差し押さえてしまったという。差し押さえを正当化するために「これは逃毀だ」と領主側が主張していることから、「逃毀」は年貢未進（未納）のまま夜逃げしてしまうような非合法な行為を意味しているのだろう。それに対して、百姓たちが幕府に訴えを起こしていた。それに対して幕府は、年貢未進がなければ領主に「資財」を返却させ、未進があれば百姓に償いをさせる、という方針を示している。

第四十二条で問題となるのは、「ただし」以下の末尾の一文である。「民の意」に任せるという表現から、中世の百姓には移動の自由があったと論じられることもあった。しかし、そうした一般原則が末尾に書かれるのは、やや唐突な印象を受ける。特に寛喜の大飢饉のさなか、年貢未進によって百姓が領主の隷属民になってしまうことが多かったという当時の社会状況を踏まえて解釈しなければならない。

奴隷化する人びと

中世では借金を負った人や犯罪者を奴隷とすることは一般的に行われていた（網野善彦ほか『中世の罪と罰』）。京都の検非違使の郎党には、罪を犯して奴隷化していた者が多かった。今風にいえば、犯罪者が警官の家来となって、警察組織の末端を担うのが中世という時代だった。飢饉や疫病で人がすぐに死に、人口も停滞していたため、労働力不足もまた慢性化しており（ただし労働条件は改善されない）、地頭のような現地経営者は、労働力確保を課題としていた。そのため地頭は下人が欲しかったのである。

式目第四十一条は、奴隷の男女間で子どもが生まれた場合、男子は父親の主人、女子は母親の主人に帰属すると定めている。律令では牛馬の子の場合と同じく男女ともに母親の主人に帰属することとなっており、律令とは異なる法解釈であることを明記していた。主人の異なる奴隷の男女で、婚姻関係があったとともに、奴隷の子をめぐる領主間の紛争が頻発していたことが分かる。幕府はいわば「半分の法」を適用し、男女それぞれの領主の間で折り合いを図ったのである。

さて、式目第四十二条に関して、領主に反抗した百姓が、たとえ幕府法廷の場において主張が認められたとしても、そのままその領主のもとにいることは難しいので、年貢を完済していれば他の荘園に移動することを認めるという意味だと解釈されることがある。上司のハラスメントを訴えて、その主張が認められたものの、その上司のもとに居続けることが難しいので、別の部署に移ることを認めるようなものであろうか。だが、中世の百姓は別の所領に移ることは当たり前で、江戸時代の農民のように土地に縛られるということがなかった。中世は農耕の技術が未発達で、同じ耕地を長期間安定して耕作できず、流動的にならざるを得ないからではあったが、そうした百姓層の流動性を考えると、「移動の権利を認める」というのは、言わずもがなであるようにも思われる。

むしろ年貢徴収に事寄せて百姓本人や妻子を領主が奴隷としてしまう事態が頻発していたことを受けて、その身柄の安全を保証したものとみたほうがよいのではないだろうか（黒田弘子『女性からみた中世社会と法』の理解に近い）。ただし、年貢未進が明らかになり、未進分を弁済する方法が他にないとなれば、百姓は自発的に（まさに「民の意」によって）自分や妻子の身柄を差し出さざるを得ない。第四十二条の「ただし」以下の部分は、幕府法廷での係属中、すなわち年貢未進の有無が明らかになる以前は、百姓（やその妻子）の身柄を領主が差し押さえてはいけないという規定なのではないだろうか（期間限定と考える解釈は柳原敏昭「百姓の逃散と式目42条」に学んだ）。ほぼ同趣旨の一二五三年（建長五年）の「撫民」の法では、領主は年貢未進があると称してただちに百姓本人と妻子・所従の身柄を差し押さえてはならないと明記している（追加法二八九）。逆にいえば、きちんと決算して年貢未進があるのであれば、百姓が借金のかたとして子どもを差し出すのも当時はやむを得ないことだった。幕府もそのこと自体は禁止できない。幕府が試みたのは、比較的弱い立場の百姓が不当に不利益を蒙らないように、質流れに関するルールをきちんとつくることだった（追加法二八七）。

第四十二条で問題となったのは、きちんと決算しないまま、年貢未進を口実にして、領主が力に任せて百姓やその妻子を奴隷としてしまうという事態だった。奴隷とすること自体を禁じないのであれば、百姓の保護にはならないのではないかと思われるかもしれない。しかし、現代でも知識不足のまま消費者金融業者に不当に搾取されてしまう一般利用者は珍しくない。領主と百姓との力関係や情報の非対称性が明らかにある中、幕府法廷において領主と百姓を対等の立場に立たせ、きちんとした手続きによって年貢未進の有無を明らかにさせることを原則とした意義は大きい。式目制定以後、幕府法廷は荘園領主と地頭を対等な当事者として扱うようになったが（古澤直人『鎌倉幕府と中世国家』）、地頭と百姓の両者も対等の当事者として扱ったのである。このことは御成敗式目という法の性格をよく物語っている。

幕府が「撫民」を行う理由

それでは幕府はなぜこうした百姓層の保護政策をとったのだろうか。従来通りに祈りを捧げていればよい朝廷とは異なり、新たに登場した幕府は、統治者としての正当性をアピールする必要があったというのが、まずは考えられる理由である。しかし、百姓層の実態に寄り添って、これを保護しなければならないという発想は、従来の統治者である朝廷にも、荘園領主にもみられない。どうして北条泰時たちがこうした発想を持ち得たのかが重要だろう。

泰時は寛喜の大飢饉の際、伊豆（伊豆半島）・駿河（静岡県中央部）という泰時個人が守護を務める国で、貸し渋りをする富裕者に対して出挙米（利息付きの種籾の貸借）を要請したという（『吾妻鏡』寛喜三年三月十九日条）。また、泰時の所領である美濃国大久礼において年貢を免除し、近くの株河駅という宿駅では浪人たちに食料を与えている（『吾妻鏡』貞永元年十一月十三日条）。執権就任以前であるが、飢饉の折に伊豆の所領に下向して、百姓たちへの借金の証文を集めて焼き捨てたという（入間田宣夫『百姓申状と起請文の世界』）。これは孟嘗君（中国の戦国時代の政治家）の食客にまつわる故事に倣ったもので、これを伝える『吾妻鏡』（建仁元年十月六日条）の記事も中国の故事をもとにした作文の可能性があるが、泰時自身が地頭職を持つ領主の一人で、自ら領主経営を通して百姓に向き合う経験があったことをうかがわせるエピソードである。

寛喜の大飢饉に先立って、ある地頭は、無理な検注（課税可能な土地の調査）は百姓を困らせ、「撫民」に背くと荘園領主に対して抗議していた（『鎌倉遺文』三一八一号）。その地頭は三善康連といって、評定衆も務めた幕府の高級官僚であり、評定衆の中でも特に法理に明るいことから、御成敗式目の制定にも関わっていたとされる（四九頁に前述）。泰時だけではなく、幕府の首脳陣は、自ら領主として荘園領主・百姓に向き合っていた。いわば彼らは政治家であるとともに中小企業の経営者であり、立法者であるとともに民衆に直接接する立場だった。その点で、現地の経営には関与せず、荘園領主として富を吸い上げるだけの京都の貴族たちとは決定的に異なっていた。

十三世紀半ば頃、信濃国のある武士が「所領の民から搾取した富で寺院を建てて神仏は喜ぶだろうか」と浄土宗の僧侶に質問したところ、「民を苦しめて得た供物を捧げても神仏は喜ばないだろう。領主として、まず民をいたわりなさい」という回答を得たという（『広疑瑞決集』一二五六年〔康元元年〕成立）。浄土思想の影響も受けながら、幕政に関与しないような諸国の一般御家人の中にも、「民をいたわる」という考え方が芽生えていたのである（本郷恵子「鎌倉期の撫民思想について」）。

一二五八年（正嘉二年）以来、数年間続いた全国的な正嘉の大飢饉のとき、鎌倉幕府は諸国に対して、臨時の課役を停止し、山海を人びとに開放するように命じたといい、それに応じて荘園領主の「御倉」を開いて食料を百姓に与えた所領もあったという。こうした他所の「撫民」事情を提示しながら、紀伊国（和歌山県と三重県南部）のある地頭は、民を救わないどころか搾取を繰り返しているとして預所の非法を荘園領主に訴えている（『鎌倉遺文』八四二一号）。

十三世紀中頃から、所領の財産相続にともなって、領主経営や幕府への奉公に関して細かく内容を子孫に指示した「置文」という文書も登場し（建長二年渋谷定心置文など）、在地領主法のルーツになるといわれている。鎌倉末期となる一三一四年（正和三年）の肥後国（熊本県）のある地頭の置文には、「地頭職所務条々」の一つとして、民百姓を憐れみ育むように記されていた（早岐正心（はいきしょうしん）置文案）。荘園領主の代替わりに応じて交代したように、預所が任期のある役人のような存在だったのに対して、鎌倉幕府の地頭・御家人は「家」で代々領主としての地位を継承して中長期的に経営を続けることができる存在だった。近世に比べると、中世は不安定で、将来の見通しを立てにくい時代だったが、そうした中世にあっても、ある程度将来を見通して、所領の経営に臨むという態度が地頭たちに芽生え始めていた。

その前提には、式目第四十二条にみるように、「逃散」という合法的なストライキを行っていた百姓層の動きもあったのだろう。先ほど紀伊国の地頭が荘園領主に対抗して百姓保護を掲げたという事例を紹介したが、のちには同じ荘園の百姓たちは預所と結びついて地頭を訴える動きをみせていた。仮名書きの訴状である「紀伊国阿弖河荘（あてがわのしょう）百姓等の申状」は、高校の教科書などでも紹介されていて有名なものであるが、預所と結びついて百姓たちが地頭の非法に対抗したものである。こうした荘園領主との対抗関係や百姓層の動向があるからこそ、地頭クラスの武士たちは統治者意識を培って、自己規律せざるを得ないという一面もあったのである。

撫民と式目

地頭が百姓を搾取するために式目を利用したという話はこれまで数多く述べてきたが、「撫民」に式目を利用する動きもあった。意外に思われるかもしれないが、そうした事例もみていこう。

一二三四年（文暦元年）の備後国（広島県東部）のある地頭は、荘園領主の高野山に対して、「このたび下向してきた預所の代官たちが、妻を帯同して百姓の家に住まわせたり、式目に背いて百姓の妻を強姦するなど、百姓に迷惑をかけている。自分はこれを鎌倉幕府に訴え出たいが、荘園領主を尊重しているから、預所代を解任するようにまず荘園領主に訴えるのだ」と述べている（『鎌倉遺文』四六〇五号）。

百姓の妻を強姦したことが式目に抵触するといわれているのは、式目第三十四条の他人妻密懐の規定を指すのだろう。地頭・御家人でもない預所の代官が百姓の妻を強姦したことについて、式目が参照され、幕府ではなく高野山に訴えがなされているのである。建長五年令にみるように、地頭・御家人たちは式目を悪用して現地支配を拡大することもあったが、たとえ荘園領主に対抗するための名目であったとしても、百姓を保護するために式目を利用することもあったのである。

律令を参照した「形式主義的」（勝俣鎮夫）な規定ではないかと低く評価されていた第三十四条の他人妻密懐法は、地頭の非法・撫民の両方の局面で利用されている。実は式目五十一箇条の中には早くに死文化して全く参照されなくなった条文も少なくないが、この第三十四条は珍しく中世を通じて「有名な条文」の一つなのである。繰り返すように、立法意図としては御家人同士のトラブルが想定されていたと思われるが、男女の性的関係というある意味で普遍的で、百姓層を含めてどの階層にも見出される「罪」だったために、立法者である幕府の意図を超えて参照されやすかったのだろう。こうした特徴は、第十二条の「悪口」罪と似ている。前例のない「よく分からない法」が有名になってしまうという現象は皮肉であるが、式目という法の本質をよく表している。

式目は確かに地頭・御家人を主な対象とした法であったが、荘園領主や百姓層にまで影響を広げていた。その担い手は、その非法行為を咎められ、取り締まりを受けていた地頭・御家人自身だった。地頭・御家人は百姓を搾取し、荘園領主と対峙（たいじ）するとともに、持続的な領主経営を通して、民をいつくしむという「撫民」を内在的に持ち始めていた。幕府の「撫民」政策はこうした地頭・御家人の動向に規定されていた。鎌倉期の分権的な社会構造のもとで、幕府・地頭・荘園領主などに共有されていた「有名な法」である式目は、自らの主張を裏づけるツールとしてそれぞれの立場から様々に利用されていたのである。

第八章　裁判のしくみ

「三問三答」

これまで女性や庶民に関する規定から御成敗式目の歴史的な性格を探ってきた。式目制定の理由について、裁判における判断基準をあらかじめ人びとに示すためだと北条泰時は述べていた（四二・四三頁に前述）。それでは当時の裁判とはどのようなものだったのだろう。

高校の日本史教科書などで、鎌倉幕府の裁判に関するチャート式の図をみたことがあるという人も多いだろう。いわゆる「三問三答」の手続きを図式したものである（次頁参照）。まず原告（訴人）が幕府に訴えたら、幕府は被告（論人）に訴状を通知し、被告は訴状の主張に対して異論があれば陳状という反論の書面を幕府に提出する。原告は陳状の反論に対して二回目の訴状を、それに対して被告は二回目の陳状を提出する。こうして原告と被告が相互に書面を幕府に提出することを三回繰り返す。これが「三問三答」である。

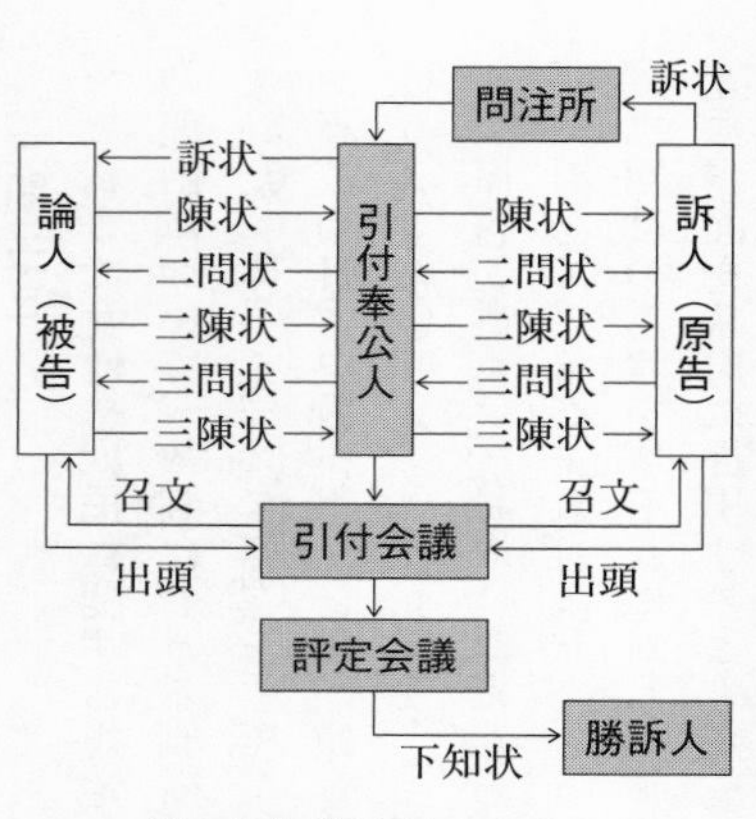

鎌倉幕府訴訟制度のしくみ

「三問三答」が終わったのち、引付方（幕府内における御家人訴訟の専門部局）では、それらの訴状・陳状の書面審査を行ったうえで、原告・被告を呼び出して尋問し、引付衆（引付方に属し、訴訟の審理にあたる職）の合議の結果を記した意見書（引付勘録）を作成する。その意見書が評定衆に提出され、それをもとに幕府としてどういう判決を下すかが決定された。評定の決定（評定事書）をもとにして鎌倉幕府の判決文書（裁許状）が作成され、評定の主宰者である執権・連署の署判が加えられ、勝訴者に渡された。

勝訴者はこれを自分の権利を保障してくれる文書として保管した。判決文書を得たのは主には荘園領主や武士であるが、鎌倉時代には武士の「家」が成立していたので、こうした権利文書は武士の家や荘園領主である大寺社の所蔵文書として後世に伝わることになった。そのおかげで現在の私たちは鎌倉幕府の裁判について多くのことを知ることができる。

こうした「三問三答」の図はチャート式に整理しやすくて分かりやすい。ところが、以上の説明にある引付方は、一二四九年（建長元年）に北条時頼が設置したものであり、御成敗式目の制定時には存在しなかった。また、鎌倉後期の幕府裁判は、刑事事件を扱う「検断沙汰」、御家人の所領関係を扱う「所務沙汰」、それ以外の金銭貸借など様々な訴えを扱う「雑務沙汰」の三つに分かれていたが、引付方で扱われる「三問三答」は所務沙汰の手続きである。

「三問三答」といえば、一回では決めずに慎重に「三回も」やりとりしたと考えてしまいがちである。実際には、そういう側面もあるのだが、むしろ争点が拡散したまま、無限に応答が繰り返され、裁判が泥沼化してしまうことがあり、それを防ぐため「三回まで」に限定する意味合いもあった。ちなみに、なぜ「三」なのかは分からない。「仏の顔も三度まで」といわれるように、仏教的な考え方が影響を与えているのかもしれない。

さて、高校の教科書の類いでは、以上のような裁判制度の説明を御成敗式目とともに鎌倉中期のところでまとめている。そうした記述を読んで「三問三答」の高度に発展した訴訟手続きが式目に規定されていたかのように誤解する人もいるのではないだろうか。式目には、日本の中世にも「人治」ではなく「法の支配」があったというイメージがつきまとっている。そして、北条泰時の時代の裁判といえば、「道理」を重んじて、御家人の主張を丁寧に聞いて「理非」の判決を導き出すものとして語られている。そうした式目・泰時のイメージが「三問三答」の訴訟手続き像と結びついてしまっているのである。だが、幕府の裁判制度の説明は泰時の孫の時頼期以降、すなわち鎌倉後期にこそ当てはまる。こうしたズレの背景には、北条泰時の時代を理想化する後世の歴史像の持つバイアスがある（一八三〜一八五頁に後述する鎌倉幕府政治史の三段階論）。

では、式目に描かれた幕府裁判制度とは、実際のところどのようなものだったのだろうか。

「みんなで決めたこと」

御成敗式目の「起請文」では、評定の場では公平無私に意見を述べるとともに、その結論に対して評定衆一同が連帯責任を負うことが誓われている。つまり、評定の結論として意思決定がなされた以上は、評定の場で異論を唱えた人物であっても、評定の場の外で、訴訟当事者や関係者に対して、自分は異論を持っているとか、他の評定メンバーの主張が評定の結論になったということを口外してはならない、という誓いである。

平安時代の朝廷にも、議政官（国政審議官）である公卿が参加する「陣定」という会議があった。ところが、陣定では意見が一致する必要はなく、権力者（天皇や摂関など）は数ある意見の中から自分の責任で特定の意見を採用した。それに対して、幕府の評定では、評定の場では複数の意見があったとしても、最終的に「みんなの意見」にまとめられる（佐藤全敏「『為房卿記』と政務文書」）。評定の結論を記した記録（評定事書）を原案として鎌倉幕府の判決文書（裁許状）は作成された。引付衆ものちにはやがて一つの意見に集約され、引付の意見書（引付勘録）が評定の決定、ついで幕府の判決の原案となった（追加法五五〇）。従来の学説では、御家人たちの合議が将軍権力の独裁を制約したものとして、これを高く評価してきた。

しかし、『吾妻鏡』によると、北条泰時が評定衆の決定を覆して、自分の判断で決定を下す場合がみられた（文暦二年八月二十一日条など）。実際のところ、泰時の主導で評定の結論が導かれる場合が多かったのではなかろうか。合議政治が将軍独裁を制約したといわれるが、当時の将軍は若い九条頼経で、その後見人として泰時が幕府政治の実権を握っていた。重要な案件には将軍の臨席や評定衆の召集があったものの、泰時のワンマンで行われる裁判も実際には多かった。もし評定衆の決定が泰時の意思を制約したのであれば、合議による専制の抑止と評価できるが、実例からみる限りでは、むしろ泰時の政治を正当化する手段になっていた。

そうだとすれば、泰時のもとで評定の議論が「みんなの意見」にまとめられることも、合議による将軍独裁の制約として一概に高く評価することも難しい。評定に参加したメンバー一人一人の責任だけではなく、評定の場における意見を踏まえて決断を下す権力者（この場合は北条泰時その人）の責任それ自体も曖昧になってしまう。「みんなで決めたこと」といえば素晴らしいが、一種の無責任体制にもなるのである。

「大岡裁き」

それでは北条泰時の裁判の特徴は何だったのか。仏教説話集『沙石集』には、泰時の裁きに関する説話がみられる。第三章（五五頁）でも紹介した話だが、ある御家人と荘園領主の代官が年貢未進（未納）をめぐって訴訟し、泰時の御前に出頭した。その場で自ら負けを認めた地頭の態度に泰時は感心して、六年分の未進を三年分に減免してやったという。六年が三年になるというのは半分になるということで、いわば折半である。こうした折半は、いわゆる「大岡裁き」である。

「大岡裁き」とは江戸時代の名奉行といわれた大岡忠相（ただすけ）の裁判に仮託され、公正で人情味のある裁判のことである。時代劇の江戸町奉行「大岡越前守」といえば、聞いたことがある人もいるだろう。「大岡政談」という創作物や落語で広まった。三両を拾って届け出た男と、それを落とした男が、それぞれ「その三両は相手のものだ」と譲り合って争うということがあったが、大岡越前守が一両を出して、それぞれに二両を渡して「互いに三両得られるはずだったが、一両を失った。自分も一両を失った」という三方一両損の落語が有名である。「大岡政談」は中国に元ネタがある。どうやら「法の支配」のもとで正義を実現するというのではなく、道徳的に優れた「お上（かみ）」が知恵を尽くして庶民の争いを解決するという「人治」の話が東アジアでは好まれていたらしい。

中世の人びとが泰時の裁判に対して持っていたイメージも、こうした「大岡裁き」に近いところがある。ところが、こうした話はきちんとした裁判を行う執権政治という近代歴史学のイメージとは異なるものであったため、従来あまり注目されてこなかった。

　その一方で、二代将軍頼家の次の挿話は、頼家の悪政として広く知られてきた。所領の境界をめぐるある相論で、頼家が絵図の中央に線を引いて、互いに折半して、今後は相論してはならない、と命じたという話である（『吾妻鏡』正治二年五月二十八日条）。さらに、鎌倉時代の後期には、「下地中分」といって、荘園領主と地頭との争いを断ち切るために、荘園現地を「領家方」（荘園領主の分）と「地頭方」とに空間的に分割するという紛争解決手段が増えている。下地中分については「得宗専制」（得宗は北条氏嫡流の当主）のもときちんと裁判せず、強権的に紛争を終わらせるようになったと考えられてきた。

　だが、紛争を断つために「半分で分ける」という発想は、公家法の「折中の法」に淵源があり、一二二三年（貞応二年）の新補率法の山野河海などの権益をめぐって法制化された（三六〜三八頁に前述）。泰時の時代も地頭と荘園領主との間で新たに争点となる利権について折半するよう法令を出しており、裁判の場でも、双方に道理があると考えれば半分・半分とする判決を出すこともあった（『鎌倉遺文』四八一五号）。

　泰時の裁判は、自分の御前に当事者を呼び出して、それぞれの主張を聞くというものである。訴状と陳状を交わして文書の審理をするというものでもない。その折に、泰時自ら訴訟当事者である御家人に訓戒を垂れ、和解するように述べることもあっただろう。泰時の時期の判決文書をみると、当事者同士が和解したことを示すものも多い。鎌倉幕府の判決の特徴として、訴訟当事者同士が和解したとき、和解成立の文書を作成し、それを承認する幕府文書（判決文書と同じ様式の「和与裁許状」）が作成され、当事者双方に渡されていた。

鎌倉後期にはこうした形式の和解が増え、幕府も和解を推奨していた。この現象についても得宗専制のもとではきちんと裁判をせず、和解するよう当事者に押し付けるようになった、と論じられることもあった。だが、中央権力の判決が出たからといって、現地でそれが遵守されるとは限らない中世社会にあっては特に、人びとにとって大事だったのは白黒をつけることよりは、折り合いをつけていくことではなかっただろうか。

もちろん人びとにとって最善なのは、自分だけが利益を独占し、敵対者が滅び去ることであっただろうが、それが実現できず、裁判を続けていくことの負担とリスクが重いと判断すれば、泰時の調停のもとで和解を受け入れるということがあった。鎌倉後期には訴訟処理を専門とする幕府の奉行人たちが和解を推奨して、和解件数が増加していくが、泰時の時代には奉行人の影は薄く、泰時個人の差配で仲裁がなされていたと思われる。

第三章（六六・六七頁）でも紹介したように、『沙石集』には、幕府には奉公していたものの、親から譲与を得られなかった兄の話が出てくる。泰時は親の譲状を尊重して、それを持つ弟の財産相続を認めつつ、兄には別に将来所領を与える約束をしている。こうしたバランス感覚が泰時の裁判の特徴である。逆にいえば、泰時の時代の幕府裁判は、泰時の個性やカリスマ性に頼っていたのである。

裁判の二つの理想

泰時の時代の裁判には、訴訟当事者の主張を丁寧に聞くというイメージがある。そのため鎌倉時代の後半に、訴訟当事者の主張を逐一聞かず、一定の基準や文書審査だけで機械的に判断を下していくことを、泰時の「道理」の裁判からの後退であるかのように先学は語ってきた。御成敗式目の第四十五条には次のような規定がみえる。

一、罪を犯したと（将軍ないし評定衆の場に）披露したとき、取り調べたうえでの決定によらず、所職を改めることについて

取り調べも行わず判決を下すならば、犯行の実否に関わらず、きっと鬱憤を残すだろう。そういうことなので、十分な審理を遂げたうえで決定を下すように。

御家人を罪に問うときに十分な審理をするように、という規定である。ただし、その理由が「鬱憤を残さないように」というものであると説明されていることに注意したい。第三十条は、有力者の書状を訴人が差し出すことを禁じる規定であるが、その理由は「それによって勝訴した者は、有力者の援助の賜物であると宣伝し、敗訴した側は裁判の公正性を疑って

しまう」というものだった。評定衆設置に関して説明したように（三五頁に前述）、泰時は権力基盤の弱さから御家人に不満を持たれることを恐れていた。そうした泰時の不安は、式目の本文にもストレートに書かれていたのである。

その一方で、両当事者の提出した証拠文書で優劣が明白ならば、当事者に直接取り調べをする必要はなく、当事者の側が取り調べを求めていたとしても、文書審査のみですぐに判決を出すようにと定めている（第四十九条）。幕府の側で訴訟制度が整備されていくと、文書審査のみで裁決を行うという第四十九条の路線はむしろ主流になっていく。

「建武式目」にも書かれているように、理想の裁判には二つの方向性がある。一つは、当事者の訴えをじっくり聞いて、当事者たちが納得する解決策を示すというもの。もう一つは、時間や費用がかかることで結局救われない人びとがいるという現実を直視したうえで、明確な基準のもとで白黒をつけて、迅速な裁判を行っていくというものである。じっくりとやる裁判がよいのか、迅速な裁判のほうがよいのか、中世の人びとも、この二つの理想の間で迷っていた。鎌倉幕府の裁判は、大まかにいえば、鎌倉後期には後者の方向性に傾き、「三問三答」のようなシステマティックな制度を整備していく。泰時のようなカリスマ的な指導者の個人的な努力によって運営していくのではなく、奉行人たちによる官僚制的な運営がなされていくようになるのである。

だが、こうした変化をもって、一方からもう一方への変化とだけ捉えることは正しくない。

明確なルールや制度があるからこそ、裁判がどうなっていくのか、人びとにも予想がつきやすくなる。そうした予想がつくからこそ、奉行人も訴訟当事者に和解を持ちかけたりしやすくなる。裁判に従事する鎌倉末期の奉行人のマニュアルである『沙汰未練書』には、良い奉行人とは和解を実現する人で、悪い奉行人とはやたら白黒つけたがる人のことであると述べられている。良い奉行人とはまさに訴訟制度に熟知し、その知識や経験をもって訴訟当事者を説得し、折り合いをつけさせる人であると考えられていたのである。

裏返していえば、泰時の時代では、裁判の結果がどうなるか予想がつきにくかったのである。もちろん泰時は法やルールを無視していたわけではない。泰時の時代は法やルールが整備される途上にあった。だからこそ、泰時がワンマンで（あるいは評定衆の意見を聞きながら）「何が道理か」を決断しなければならない場合が多かったのである。むしろその決断が先例となり、追加法になっていった。泰時の書いた書状は数多く伝わっているが、細やかな指示や御家人たちへの気遣いを示す内容が多い（拙稿「鎌倉北条氏の書状 序説」）。歴代の執権・北条氏当主の中で泰時ほどに日々激務をこなした人物はいなかっただろう。

「召文」違背の咎

鎌倉後期における変化として、研究史上注目されてきたのが、御成敗式目第三十五条の「召文（めしぶみ）」違反への処罰規定である。「召文」とは、訴訟の際に、被告を法廷に呼び出す召喚状である。

一、たびたび召文を給わったにもかかわらず、参上しない罪科について

訴状に応じて召文を遣わすことが、三回に及んで、それでも被告が対決の場に参上しないのなら、原告に理があれば、直ちに原告に裁許する。原告に理がなければ、また他人に（幕府から）宛がう。ただし所従・牛馬ならびに雑物（が争われている場合で、訴人に理がない場合）は、数の通りに（論人に）返還させて、寺社修理に用いるべきである。

この規定は、所領をめぐる裁判で、幕府法廷への呼び出しに応じない被告への罰則規定であると理解されてきた。だが、式目制定時の幕府は、呼び出しに応じない被告に対して、一方的に敗訴にするということはなかった。このことから、第三十五条は制定されたものの、実際に運用されることがなかったと考えざるを得ない。運用するつもりもないのに制定したというのは不思議であるが、殴人の咎（第十三条）など同様の条文は多い。同時代の朝廷や本所（実質的な支配権を持つ荘園領主）の法をみると、裁判の場への呼び出しに応じなければ、不参加の者を敗訴にするということが普通だった。それに倣ったのだろうか。

従来の研究では、幕府が実際に式目第三十五条を運用しなかったのは、泰時の時代の幕府裁判が「理非」を重んじていたからで、審理を尽くさずに、不参加のみを理由にして一方的

に敗訴とすることはできなかったのだと考えられてきた。ところが、弘安年間（一二七八～八八）以降、「召文違背の咎」が幕府への命令違反として処罰対象となった。そこに鎌倉幕府裁判が当事者の合意を重んじる「理非」裁判から幕府が強権を発動するあり方に変化していくとみられてきた。蒙古襲来を契機にして、一種の軍事体制の強化を背景にして、御家人に対する幕府の統制が強化されていく、と（古澤直人『鎌倉幕府と中世国家』）。

以上の通説的な理解を踏まえると、式目第三十五条の規定は、制定当時には実効性がなかったが、鎌倉後期には現実のものとなる「青写真」であったということになる。だが、大きな違いもある。先に述べたように、完成期の幕府裁判は、原告の訴状が提出されると、被告にはまず陳状の提出が命じられ、三問三答を経て、法廷への呼び出しがなされる。それに対して第三十五条では、訴状に応じていきなり被告が呼び出されている。幕府初期の裁判の実例をみると、訴状・陳状のやりとりをせず、直接御前に呼び出して裁判をすることも多い。こうした未整備の状況を反映しているものと考えられる。

しかし、式目が制定された一二三二年（貞永元年）の十二月、幕府は六波羅探題に対して「三回の召符（召文）が出されても出頭しない場合について」指示を送っている（追加法五〇）。「被告が事情なく召喚に応じなければ、原告にいったん『下知』（勝訴の判決）を与えるが、被告が証拠文書を持って訴えてくれば取り上げて調査する」という方針を示している。式目第三十五条は被告が出頭しない場合でも原告の主張が正しいかどうかをいちいち訴人の主張を審理すると定めていたが、あまり現実的ではなかったため、同年末になって、改めてこの指示がなされたのだろう。

ここでいう「下知」とは、従来の研究で「事実者（ことじちたらば）」型の判決と呼ばれているものである。「事実者」とは「訴人の訴えがもし事実であったならば」という一種の決まり文句である。幕府は被告に意見を求めることなく、原告の訴えをいったん認めて、この「事実者」文言を記した判決文書を与えていた。この判決に対して、被告が異議を申し立てて裁判の場にやってきたならば、原告と被告を交えて審理を行うものである。幕府にとってみればいちいち被告を呼び出して審理をすることなく、スムーズに訴訟の処理を進められるという利点があった。

「問状」狼藉

こうした「事実者」の判決を念頭に置くと、式目第五十一条の問状狼藉（もんじょうろうぜき）の規定がスムーズに理解できる。「問状」とは、訴えがあったとき、幕府法廷から被告に問い合わせをする文書である。当時の訴訟制度は「当事者主義の原則」と呼ばれるように、問状を被告のところに送るのは幕府法廷の役人ではなく、原告本人の場合が多かった。ところが、この「問状」を利用して、原告が被告との係争地に実力行使を行うことがあった。

なぜ「問状」を利用して狼藉を行うことができるのか疑問だが、この場合の問状の内容が、

「訴人の主張が正しいとすればけしからん。異議があれば幕府に申し立てを行え」というような内容であり、文面の上でも、被告が出廷しなければ訴人の訴えを認めるという機能の面においても、「事実者」型の裁許状とはかなり似たものだったようである。そのため、「問状」を自分の訴えが認められたものと主張して、狼藉に及ぶことが多かったようである。異論があれば、被告は幕府に訴えるので、幕府としては自ら被告を呼び出すことなく、原告と被告の訴訟を進めることができる。幕府にとってはある意味で「経済的」なしくみだった。

ただし、原告による狼藉があまりにもひどく、問題化していたため、式目第五十一条は問状狼藉を問題にしたのである。問状狼藉も「事実者」型裁許も、幕府訴訟制度が整備されていく一二四〇年代にはなくなっていく(山本幸司「裁許状・問状から見た鎌倉幕府初期訴訟制度」)。

鎌倉幕府政治史の三段階論

以上のように北条泰時の裁判は、かなり細心の注意を払いながら、武士たちの道徳心に訴え、厳罰をちらつかせ、巧みに誘導しようとするものだった。「三問三答」のような整備された裁判制度は、泰時の時代ではなく、むしろ鎌倉後期に向かって発展した後の姿だった。しかし、泰時の裁判といえば、「三問三答」に代表される裁判制度と重ね合わされてイメージされてきた。その背景には、歴史家佐藤進一が提唱した鎌倉幕府政治史の三段階論という著名な学説が存在する（佐藤『日本中世史論集』）。三段階論では、泰時の執権政治を「御家人の権利保護の精神」の高揚期として理想視し、執権政治が形骸化して北条氏の権力が強まる「得宗専制」の時期には「権利保護の精神」が弱まるとし、さらに執権政治の前は「将軍独裁」の時代だったとする。

「三問三答」のような高度に発展した訴訟手続きが泰時の時代ではなく「得宗専制」の鎌倉末期のものであることも、三段階論には都合が悪い。むしろ泰時の時代は、引付衆もまだ設置されておらず、幕府の訴訟制度は整備される途上だった。それにもかかわらず、御家人のためにきちんとした裁判を行った執権政治という三段階論のイメージに引きずられるかたちで、執権政治・御成敗式目の時代の話として「三問三答」の訴訟手続きを説明してしまう教科書記述も生まれたのではないだろうか。その捻(ねじ)れの根幹には、システマティックな訴訟制度を「法の支配」の象徴として肯定的に捉え、「人治」を否定的に捉える近代的な感覚がある。ある歴史家は、泰時の「大岡裁き」について、法に基づく幕府裁判という常識的な像と矛盾してしまうと述べていた（上杉和彦『鎌倉幕府統治構造の研究』）。しかし、泰時の「大岡裁き」こそ、中世の人たちにとって良き政治だったのではないだろうか。

三段階論の根幹にはもう一つ、鎌倉末期の「得宗専制」期には執権政治期のような裁判がきちんと行われなくなり、御家人たちの支持を失って幕府滅亡へと向かうという歴史像がある。だが、泰時による評定衆設置・式目制定から鎌倉末期まで、システマティックな制度が整備されていく過程として、大きな断絶なくみていくことができるのである。

「得宗専制」に象徴される鎌倉末期の歴史像には、幕府滅亡後に成立した『太平記』などの影響がある。最後の君主が道徳的に退廃して、人びとの支持を失って滅亡に向かうというのは中国の歴史書の叙述パターンの一つである。私たちは歴史をみるとき、虚心坦懐に事実をみているつもりで、歴史をみる「枠組み」（ストーリー）の影響を受け、それに沿うように事実を選んだり、事実を解釈してしまいがちである。私たちも知らず知らずのうちに現在のものの見方に影響を受けているが、そうした歴史の「枠組み」それ自体が歴史的に形成されてきたものであることをみていくのも、歴史を学ぶときに大事にしたい視点である。

十三世紀後半の変化

それでは三段階論において幕府の「専制化」と評されてきた変化をどのように捉えればよいのだろうか。一二八〇年代以降、幕府は自分の命令が現地で実行されないことに危惧を抱き、現地の有力者や守護代（守護の代理人）を「使節」として命じ、現地への伝達を図るしくみをつくっていく。このしくみができることで、幕府判決の重みが変わっていく。

その一つが、前述したような「召文違背の咎」である。三回召文に応じなければ敗訴罰を与えるという点で、式目第三十五条を意識した規定であると考えられるが、その内実は大きく異なる。式目の時点では、裁判の場に引きずり出すこと自体が大きな課題である。三問三答のようなシステムはまだ整備途上だった。一二八〇年代以降は、逆に幕府が命令を出したのち、それが社会の中でどう受け入れられていくのかに幕府は関心を寄せて、いわば社会の側に引きずり出されていく。同じく「召文違背の咎」であっても、そのベクトルが逆になるのである。その背景には、蒙古襲来を契機にして幕府権力が「軍事化」したというだけではなく、社会の側の大きな変化も考えなければならない。

問状や「事実者」型裁許がそれなりに機能していた背景には、幕府がいったん判決を出しても、それが現地で履行されず、幕府の判決文書を持って勝訴者が現地に赴いて、自分で権利の実現を図らなければならないという事情がある。幕府の判決文書は紛争解決のための材料の一つに過ぎなかった。現地では幕府の判決文書をみて、人びとの合意が形成されていた。しかし、十三世紀半ば以降、中世社会における幕府権力の存在感は高まりをみせるとともに（二〇〇頁に後述）、平安期以来の社会状況に大きな変化が生じようとしていた。

巨視的にみれば、平安時代の地方社会の秩序維持を担っていた国衙が、国ごとの地域差はあっても、鎌倉後期には全体として衰退傾向にあった。室町期には守護が地方権力として国衙に代わる存在になり、室町幕府の判決についても守護が任国内で実現を図り、たとえば勝訴者に所領の引き渡しを行うようになる（「遵行」手続きという）。それに対して、鎌倉期の守護は判決の「遵行」をしていない。鎌倉期の守護は実際には式目第三条の「三箇条」にはとどまらない活動をしていたとはいえ、まだ国衙に代わる地方行政機構になっていたとは言い難い。こうして幕府が地方の矛盾に直接関与しなければならない状況が生まれていく。

さらにいえば、十三世紀半ば以降、荘園公領制自体の再編が始まっていたことが背景にある。十三世紀後半には朝廷・幕府が協調して荘園制を再建しようとする動きを進めており、荘園領主や寺社の側は幕府権力を利用しようとしていた。とりわけ蒙古襲来の際、荘園領主の側に協力を求めたという経緯もあって、幕府はそれまで不介入だった荘園内の問題にも関与せざるを得なくなっていた。荘園制の再編とともに、その枠組みから排除された「悪党（あくとう）」(荘園を侵して荘園領主や幕府に反抗する武装集団)を、荘園領主の訴えに応じて幕府が取り締まるしくみが成立した(近藤成一「悪党召し取りの構造」、西田友広『悪党召し捕りの中世』)。

召文違背の咎もまた、実例からみると、地頭に対する荘園領主側の訴訟戦術の一環として、相手方の召文違背を幕府法廷に訴えて、違背の咎の適用を求める動きが始まったことが分かる。もちろん召文違背という実態そのものも、幕府権力を利用しようという訴訟当事者の動きも、式目制定当時から存在していた。しかし、前提となる社会状況が大きく変化する中、荘園制の秩序維持を担う役割を求められていた幕府は、当事者の訴えに応じて、召文違背の咎の適用を行わざるを得なくなっていた。さらに幕府がいったん適用を始めると、召文違背の咎を幕府に訴えるという選択肢が訴訟当事者の間で一般化し、それを前提とした駆け引きや策略もとられるようになるが、幕府はこれに対応し、さらに制度を整備せざるを得なくなった。現代の様々な「改革」においてもありそうな話であるが、ひとたび始まった動きを変えられる力は幕府にはなかった。

源頼朝の段階では、朝幕関係をはじめとして社会の中の様々な矛盾に自制的な態度をとり、「一線を引く」ことで、統治にともなうリスクとコストを抑えることのできた幕府権力だったが、鎌倉後期には社会の側から求められるままに社会の中の諸矛盾に関わりを深めていくことになる。上は皇位継承問題から、下は悪党問題まで。これが一三三三年（元弘三年）の滅亡への始まりであった。

Ⅳ

第九章　天下一同の法へ

一般原則の発見

一二三二年（貞永元年）に成立した御成敗式目は、いわば「生きた法」であり、制定直後から様々な読み替えや「追加」がなされてきた。本書では女性相続や百姓、裁判などのテーマに即して、式目の規定がどのようなもので、どう変化していくのかをみてきたが、改めて式目全体の位置づけの変化をみていくことにしたい。

本書の冒頭（一一頁）では、式目は一般原則を決めた体系的な法ではなく、一二三二年の制定時点で問題となっていた具体的な案件に関して、どう対応するのか、方針を示したものだと述べた。それはそれで間違ってはいないが、制定後の式目の「読まれ方」をみていくと、具体的な案件に関する方針を述べた部分はあまり参照されず、本文の中でも、一般原則を導くことのできる一節が引用され、また別の具体的な案件に適用されていく傾向がみられる。

式目第八条を取り上げてみてみよう。便宜上(a)(b)(c)と記号を振る。

(a)一、御下文を所持しているとしても、知行せずに年月を経た所領について(b)実際に知行してから、二十年を過ぎていれば、大将家（源頼朝）の先例に従って、是非を論じるまでもなく、改替してはならない。(c)しかし、知行していると訴えて、御下文を不正に賜った者は、文書を所持していた（まま二十年過ぎた）としても認めない。

この条文は、二十年の年紀法（時効規定）を定めたものとして、高校の日本史教科書や資料集にも載せられている。ところが、そう考えると、(a)「事書」（見出し）では「知行しないで」（不知行）とあり、二十年の不知行で権利が消滅する規定であるのに、(b)本文では「実際に知行してから」（当知行）とあって、二十年の実効支配で権利が認められる規定であるようにみえる。この事書と本文の齟齬がかつて大論争の原因となっていた（知行論争）。

この問題に対して、かつて法制史家の笠松宏至は次のように解釈した（『中世政治社会思想』上巻）。(a)のように幕府の下文を持ちながら実効支配しないまま一定期間過ぎた人が訴えを起こすことが問題になっていた。それに対して、式目では(b)二十年過ぎれば権利を認めるという一般原則を提示しつつ、(a)に対する判断として(c)実効支配していないのに偽って下文を得たとしてもその効力は認めない、という規定である、と。

『吾妻鏡』の記事に「濫（みだ）りな訴えを退けるために式目をつくった」と語られているように、第八条の立法意図は不知行所領の文書の効力を否定して、古い証文を持ち出した幕府裁判への訴えを抑えることにあった。幕府が裁判制度を整備するのは、積極的に裁判をしたいからではなかった。むしろ自らの負担を減らすために不当な訴えを減らしたかったのである。

さて、式目の規定は制定後どのように受けとめられていくのか。制定時点での第八条の目的は(b)の一般原則を定めることではなかったが、その後、第八条は二十年年紀法の規定として受け入れられ、(b)の部分が引用されていく。一二三七年（嘉禎三年）の追加法をみておこう（追加法九二）。

一、二十年過ぎた後の訴訟について〈嘉禎三年八月十七日の評定による〉

式目には「当知行の後、二十年が過ぎていれば、故大将家（源頼朝）の先例に従って、是非を論じるまでもなく、改替できない」という。しかし、謀書を用意して押領したということを訴え、あるいは御下文を偽って受給して知行している場合は、この式目を適用するべきではないと訴える者が多くいるが、是非を論じるまでもないという文言はこの場合にも適用されるだろう。今後は文書に誤りがあったとしても、二十年が過ぎれば、式目の趣旨を守り、是非を論じるまでもなく、知行の年数に従って処置する。〈越後国（えちごのくに）吉田鰹毛淵の訴訟の時にこれを加えた。八箇条目の追加である〉

最後の注記に明らかなように、この「追加」は越後国の吉田鰹毛淵（読みは不詳）をめぐる実際の裁判をきっかけにつくられたものである。より正確にいえば、この裁判への判決をもとに、固有名詞などを省いてやや抽象化したかたちで「追加」法として記録されることになったのだろう。判例が法になった一例である。「八箇条目の追加」とあるように、式目第八条に直接対応するものと認識されていた（第八条の奥に書き加えられた古写本もある）。

ここから分かるように、原告は式目第八条をみたうえで、現在の知行者の持つ文書は不当なものであるから、二十年の時効は適用されるべきではないという訴えを起こしていたらしい。それに対して、式目第八条の(b)を引用したうえで、所持する文書に過ちがあったとしても、二十年知行していたものの権利を守る、と定めている。式目では源頼朝の先例とされていた(b)の時効規定が、あたかも式目によって制定されたかのように引用されていることに注目したい。

式目第八条を引用する人びと

この第八条の立法意図は訴えを減らすことにあった。だが、たとえば一二八七年（弘安十年）のある裁判では、荘園領主の側が式目第八条の(b)を根拠にして地頭の新儀を非法として幕府に訴えている（『鎌倉遺文』一六二八六号）。幕府の意図にはやや反して、第八条を根拠に権利保護を求める現在の知行者の訴えが幕府になされるようになったのである。必ずしも訴訟当事者が自分に都合よく第八条を解釈したというだけではなく、一二三七年（嘉禎三年）の追加法にみるように、幕府関係者の間でも第八条が二十年の時効という一般原則を定めたものとして受け取られるようになっていたからだろう。

こうした傾向は他の条文にもいえる。たとえば守護の職権「三箇条」は、式目第三条で初めて規定されたものではないが（九頁に前述）、のちになると、第三条の「三箇条」規定は、荘園領主・国衙（こくが）の支配領域に守護は干渉してはならないという一般原則を定めた法として意識されていたようである。

式目制定のわずか七年後、常陸国（ひたちのくに）（茨城県）の国衙における判決文では、原告の訴えを退けるにあたって、「二十年以後は沙汰あるべからず」として式目第八条が引用されている（『鎌倉遺文』五四〇二号）。幕府以外の裁判所が、地頭・御家人とは関係がなさそうな案件において、式目を利用していることが興味深い。常陸国の裁判内容を考えると、もし年月が経（た）ったことを理由に訴えを退けようとするとき、何か法文によって根拠づけるとしたら式目以外にないという事情も関わっているのではなかろうか。年紀を重視する法慣習は平安末期には生まれていたが、二十年という期間を示して明文化したのは式目第八条が初めてだった。

そして式目は「有名な法」だったため、引用して根拠にすることができた。人びとにとって式目は「便利な法」だったのだろう。

二十年の時効も、頼朝時代の先例であると「式目」第八条には書かれているが、現在伝わる史料からは頼朝が二十年で区切って判断を下していた様子はみえない。そもそも第八条が問題にするのは、「御下文」つまり幕府の発給文書の効力である。幕府が文書を発給し始めて間もない頼朝の時代に二十年という規定があったとは思われない。

現在の民法でも「所有権の取得時効」は二十年とされている。二十年としたのは、明治時代に民法典をつくる際に式目が参照されたのではないかという説がある。法律を制定するときに前の時代の法令を参考にすることはある。式目の場合、中国の宋代の法慣習が影響を与えたのではないかという仮説はあるが（青木敦『宋代民事法の世界』）、どこから二十年という数字を採用したのかはっきりしないのである。

式目第二十条でも息子や孫からの「悔い返し」は当然であることを前提にして、息子や孫の死亡後、その遺族からの「悔い返し」を認めているが、息子からの「悔い返し」が当然であるというのは自明ではなかった。笠松宏至がいうように、確かに式目は一般原則を当然のように語りながら、具体的な争点に関して判断を下している。第三条の守護の「三箇条」のように、すでに幕府の法令が出されているものもあり（九頁に前述）、一概にはいえないところであるが、式目の語る一般原則は一二三二年（貞永元年）の制定時点で必ずしも自明のことではないものも多かったのではないだろうか。むしろ式目に書かれたことで、式目を根拠にして、一般原則として通用していくように思われる。こうして何が一般原則なのかを確定していくのは、（立法者が意図してか否かは保留するとして）式目独自のレトリックであるといえよう。

式目の語る一般原則が、たとえ公家法の法律家からみれば根拠薄弱なものであったとしても、「便利な法」として幕府の支配領域以外でも利用されていくのは、確かに当時の社会で異論なく受け入れられる内容だったからだろう。しかし、だからといって式目の語る一般原則が本当に「既知」で、周知のものだったかは、これまでに述べたように疑問である。むしろ「式目」に一般原則として書かれ、「便利な法」として広がった結果、お互いに共有されるべき「常識」（一般原則）を人びとが手に入れ、それを「既知の前提」としてお互いに交渉を始めるというのが、実際の歴史的な経緯だったのではないだろうか。

式目は「分かりやすい」文章で書かれているというイメージを前提にして、式目の言葉が当時の社会の「生きた言葉」であるかのように考えることはできず、むしろ式目の言葉を利用することによって人びとが言葉を共有していったのではないかと論じたが（一一九頁に前述）、法というルールに関しても同様の経緯をたどるのだと思われる。極論すれば、式目は一般常識や慣習を記したものではなく、「有名な法」である式目に記された記述を利用して、一般常識や慣習を人びとがつくっていくのである。

権利を守る法なのか

御成敗式目の第四十八条は、「私領」の売買を認めた法であるという説明をみかける（『国史大辞典』の「私領」の項目）。第四十八条は次のような文章である。

一、所領を売買することについて

支出の必要があるときに、相伝の私領を売却するのは、「定法」（世の習い）である。しかし、勲功を遂げ、あるいは勤労により、格別の御恩を受けた者が、勝手に（所領を）売買することは、その行いに罪がないとはいえない。今後は、断固として禁止する。もしこの禁令に背いて売却すれば、売人も買人もともに処罰する。

ここでいう「定法」とは、世の習いという程度の意味である。幕府は式目制定の六年前に「私領であっても（御家人は）簡単に他人に売ってはならない」という判決を出しており（『鎌倉遺文』七二一一号）、この条文を私領売買の権利を保障したものと読むことはできない（笠松宏至『日本中世法史論』）。幕府から与えられた恩領を勝手に売却してはならない、という御家人への命令が主眼であり、「私領売買は一般に行われているようなのだけれども」という冒頭部分は、前振りに過ぎない。力点はそこにはないのである。

ところが、第四十八条の「定法」は繰り返し参照されていく。一二四〇年（延応二年）の追加法は「私領を売却することは世の習いであると以前（式目には）書かれていたが」としつつ、私領であっても「凡下の輩ならびに借上等」つまり庶民や金融業者（比叡山の山僧が多い）に売却したならば、その所領を没収する、と定めている（追加法一四五）。第六章（一四〇頁以下）でも述べたように、幕府は御家人の所領が御家人以外の人間に流出することを警戒し、その規制に乗り出していた。やがて一二六七年（文永四年）の「文永徳政令」では「御恩・私領」に関わりなく所領の売買や質入れが禁止されるようになった（追加法四三三）。

　鎌倉後期の斎藤唯浄の説明によれば、律令法では、土地の売買には役所に届け出て許可をもらう必要があったのに対して、第四十八条では「式目では私領の売却を許している」という（「関東御式目」）。「私領」であれば自由に売買できるという慣習は、律令制の弛緩とともに平安期には広がっていたが、必ずしも法律で明記されていたわけではない。第四十八条は、御家人の所領売買を制限し始める幕府法であったが、その前振りとして私領売買の「定法」があると記してしまったがために、式目では（律令法に比べて自由に）私領を売買する権利が認められていたというイメージが形成されてしまった。半世紀後には唯浄のような六波羅奉行人でさえもそのような認識を持っていたのである。

　幕府は御家人の所領を維持するために（一三四頁に前述）、幕府から与えた恩領だけではなく、御家人の家が本来所持していた私領にも売買などの制限をかけていくようになった。制限を強めるとき、幕府の法令は「式目では私領の売買を定法としていたのだけれど」という言い方をしていた。式目の本文に「定法」として書かれてしまったがゆえに、幕府の立法者もこれに触れざるを得なかったのかもしれない。想像をたくましくすれば、第四十八条の一節を根拠にして、自らの私領売買を正当化しようとする御家人がいたのかもしれない。

御成敗式目へのまなざし

このように式目の法は、個別具体的な状況に即したマニュアルとして成立したものの、一般的なルールを定めた法として受容され、利用されていく。その実践を踏まえて、さらに十三世紀半ばを画期にして、中世国家における式目の位置づけに変化があったように思われる。それを象徴するのが、一二六一年（弘長元年）二月二十日に出された六十一箇条の「弘長の武家新制」である。一二五二年（建長四年）に第六代将軍として宗尊（むねたか）親王（後嵯峨（ごさが）院の皇子）が下向してから、朝廷政治のしくみが幕府に導入されていたが、この「弘長の武家新制」もまた朝廷の新制に倣ったものだった。そこでは「式目」を守って裁判を行うことが宣言されていた（追加法三四九）。また、「山賊、海賊、夜討、強盗の類」の取り締まりを守護・地頭に義務づけているが、その法的根拠は「式目」（第三条）にあるとされた（追加法三六八）。

この弘長の武家新制は、朝廷との関係を考えるときに、画期となる出来事だった。従来は、朝廷で公家新制が出されたのに対応して、幕府が新制を出していたが、このときは武家新制が出されたのち、一二六三年（弘長三年）に朝廷が公家新制を出している。諸国の治安維持は、一一九一年（建久二年）の新制では朝廷から源頼朝に、一二三一年（寛喜三年）の新制では将軍九条頼経および御家人たちに命じられたものであったが、一二六三年の朝廷の新制では規定自体がみえなくなる。つまり、一二六一年（弘長元年）の武家新制は、幕府は朝廷とは関係なく、「式目」を根拠に全国の治安維持を担うということを明確にするものだった（羽下徳彦「領主支配と法」）。式目は、幕府政治の基本法としての地位を確立していた。

一二六三年（弘長三年）の公家新制では、従来の新制とは異なり、朝廷の裁判制度の整備などを掲げている。朝廷に君臨していた後嵯峨院は、北条泰時によって天皇に擁立され、鎌倉幕府の法と裁判に倣って朝廷政治を立て直そうとしていた。この頃、御成敗式目五十一箇条が京都の貴族社会でも関心を集めるようになったのは当然だった（拙稿「五十一という神話　御成敗式目と十七条憲法」）。

このとき朝廷は興福寺をはじめとする各寺社にも新制の内容を通達し、改革を指示していた。新制の施行というかたちではないが、朝廷の神社関係の役所である神祇官（じんぎかん）が、摂津国（せっつのくに）（大阪府北西部と兵庫県南東部）の広田（ひろた）社に対して独自の法令を出している。その第一条は「謀叛、殺害、強盗、海賊、山賊」の「五箇の大犯」の取り締まりを命じるものだが、これは式目第三条を意識した規定だった。また、「夜田（よた）を刈る」犯罪や他人妻の密通の罪など、地域の中での日常的な犯罪を取り締まることを命じている。こちらは式目そのものというよりは、鎌倉幕府が地頭代の警察権乱用を制御しようとした一二五三年（建長五年）の「撫民の法」

（一五四〜一六七頁で前述）を意識したものと思われる。幕府法を念頭に置きながら朝廷や荘園領主の支配体制の改革が始まったのである。

「弘長の公家新制」では、本来財源として設定されていた公田が私物化され、財源たり得なくなっていた現状への危機感が述べられていた。一二六五年（文永二年）に後嵯峨院は院宣を下し、延暦寺をはじめとする諸寺院の寺領を俗人が知行することを禁じている（「天台座主記」「外記日記」）。さらに国衙領の立て直しを目指し、土地調査の遂行を奨励している。

「失われた所領を元に戻す」という政策は、当時「神領／国衙領の興行」などと呼ばれており、政治改革「徳政」の一環だった。当時の国家運営は荘園制に依拠しており、国家運営を担う大寺社・国衙・役所が自らの所領を財源としていた。だが、そうした所領群は、様々な「人のつながり」によって、関係者以外に流出しがちだった。そもそも荘園制自体が、寄進や贈与といった「ものの移動」を組み込んで生まれたものである以上、世代交代などが進むにつれて、散逸していくことは免れなかった。

すでに鎌倉幕府は、女性財産相続に関する式目諸規定をはじめとして、御家人所領の流出を防ぐための法制度を生み出していた（一三四頁以下に前述）。おそらく後嵯峨院政は幕府の政策を意識して、本所の所領の流出防止政策を打ち出し、立て直しを目指したのだろう。幕府の側においても、これに連動するかのように、一二六七年（文永四年）には「文永の徳政令」が出され、御家人所領の流出が禁じられるようになった。

こうして朝廷・幕府が協力して体制再建の努力を始めていたところ、一二六八年（文永五年）に元（モンゴル帝国）の使節が来日し、やがて二度にわたる蒙古襲来（文永・弘安の役）という国家存亡の危機を日本は迎えることになる。モンゴルの撃退に成功した背景として、武士たちの奮戦や台風の到来が指摘されているが、朝廷・幕府・寺社の連携のもとで乗り切ったという面も大きい。そのように考えたとき、一二六〇年代における体制改革が果たした役割は無視できないのではないだろうか。

この改革の背景には、一二五二年（建長四年）の親王将軍（後嵯峨院の皇子の宗尊親王）誕生によって、幕府と朝廷、北条時頼政権と後嵯峨院政との融和が進んでいたという朝幕関係がある。さらに、直接的なきっかけを挙げれば、一二五八年（正嘉二年）から翌年にかけての正嘉の大飢饉だろう。一二六一年（弘長元年）の弘長の武家新制は、直接にはこの飢饉からの復興過程で制定されたものだった。源平合戦のさなかの養和の大飢饉、承久の乱後の寛喜の大飢饉、そして正嘉の大飢饉は、いずれも日本史上最大規模の全国的飢饉として知られる。御成敗式目は寛喜の大飢饉のさなかに生まれ、正嘉の大飢饉を経て、幕府のみならず朝廷や寺社からも広く参照される「天下一同の法」になっていったといえよう。

寺社の法

御成敗式目に熱いまなざしを向けたのは、貴族たちだけではなかった。

高野山金剛峰寺は空海が真言密教の聖地として開いた寺院だったが、中世には紀伊国内の寺域周辺の膝下荘園を中心に強力な領主支配を展開していた。その高野山が一二七〇年代には荘園の現地管理者たちから起請文を徴収するようになったのである（『鎌倉遺文』一〇八三九号など）。

その内容は、警察・刑罰関係の法規がメインである。興味深いのは、幕府の「撫民の法」のように現地管理者の警察権乱用を禁じる規定もあるのだが、むしろきちんと警察権を行使しろというほうに力点があることである。殺人や博奕、強盗・窃盗や放火などの重犯罪をきちんと取り締まるべきであり、取り締まらなければ管理者たちを処罰するとしている。訴えがあればまず高野山に訴えるべきであり、高野山を飛び越して京都の「宗家」（高野山は東寺長者や仁和寺御室ら真言宗のトップの支配下にあった）や幕府に訴えたり、守護の使者を荘内に呼び込んだりしてはならない、と。こうした規定をみると、高野山は幕府・守護や他の権門の存在を意識して、彼らの介入を招かないように、荘園法を整えている側面があることがみえてくる。

その一方で、高野山もまた御成敗式目を意識している。たとえば、「殺生四一半事」「強窃二盗幷放火事」（『鎌倉遺文』一〇八三九号）や「殺害人の事（付けたり。強盗、山賊、海賊）」という規定が冒頭に掲げられている（『鎌倉遺文』一二一八四号）。その根拠は、「格式」や「律令」に記載されているから、と説明されており、一見すると律令に根拠づけられているようにみえるが、「強窃二盗」と「放火」がセットになるのは式目第三十三条を参照しているからであるし、「殺害人」に「付けたり」で強盗・山賊・海賊を並べるのも明らかに式目第三条の影響である。「殺生」や「四一半」（博奕）については、「武家領でさえも禁じている。ましてや僧侶の治める地ではなおさらだ」という言い方で、武家を意識して、寺院領の統治の引き締めを図っている。

幕府や守護・地頭の存在を強く意識しているからこそ、守護・地頭と共有されるべき天下一同のルールのモデルとして、寺院の側も式目を意識しなければならなかったのだろう。

百姓と式目

御成敗式目が地頭・御家人層や寺社に参照されたことは史料上よくみられるが、領主層の下にいた百姓層にどのように受容されたのかを史料上検証することは難しい。

史料から分かる事例として、荘園領主の裁判記録がたまたま経典の料紙（用紙）に再利用されて、紙背（しはい）文書として伝わった百姓の訴状がある（『鎌倉遺文』二〇二一八号）。これによると、一二九九年（正安（しょうあん）元年）には尾張国の村落間の紛争において「関東御式目」が参照されている。A村の人がB村の人に殺害されたが、犯人が逃亡してしまい、A村の村人たちがB村の（犯人以外の）村人たちには連帯責任があると領主に訴えた。それに対してB村の人たちは「当座の争いの場合、その場に居合わせなかった人物は（連帯責任で）処罰をしない。

そのうえ（B村内ではなく）遠く隔たった場所での喧嘩だったので、Bの村人が処罰されるはずはない」ということは「関東御式目」（式目第十条および追加法二一か）に明らかであるという。

ここで興味深いのは、刑事警察関係の規定が、幕府・守護が関わらないところでも利用されていることである。式目の規定の中でも、相続や訴訟手続き関係のものと違って、「罪と罰」に関する規定は、地域・身分を問わず普遍的に問題になる問題であるから参照されやすかったのだろう。「有名な法」であることに加えて「便利な法」でもあったのである。

ただし、このように訴訟で幕府法が引き合いに出されている事例は断片的である。現在でも一般人が裁判をするときには弁護士など専門家に依頼することが多いように、百姓が自分たちで訴状を作成したとは思われない場合もあって、評価が難しい。

やはり断片的な手掛かりになってしまうが、村落の決まり事をみていこう。十三世紀後半は「村掟」が生まれた時代でもあった。第五章（一一七頁）でもみたように、現存する最初の村掟は、村人同士の「悪口（あっこう）」を禁じるものだった（近江国奥島荘百姓の村掟）。御成敗式目の「悪口」という言葉が念頭に置かれていた可能性はある。新しい共同体や組織が生まれるとき、どのような法をどのような言葉やかたちでつくっていくべきか、式目は広く知られるとともに権威を高めていたがゆえに、広くモデルになったのではないだろうか。式目に載る言葉や表現が広まって「常識」を形作っていく過程とそれは軌を一にしていたのかもしれない。

こうした動きは、式目が単なる法典ではなく、崇敬の対象となっていく動きとも軌を一にしていた。南北朝時代に下るが、山城国西岡地方（京都盆地の桂川以西）の村人たちは地域寺院（寂照院〔長岡京市〕）の仏像造立のために協力してお金を集め、その協力者たちのリストを仏像の胎内に納めていた。そのリストは式目の写本の紙の裏に書かれていたという（仲村研「山城国西岡寂照院関係文書について」）。その式目は、ある人物が書写し、その寺院に寄進していたものだった。写経して寺院に寄進することはよく行われていたが、お経ではなく、式目が寄進されていたのである。

式目注釈の始まり

鎌倉前期から中期にあたる十三世紀前半は、気候変動と自然災害の破壊的な影響のもとで地域社会が大きく変容していた。朝廷や寺院、国衙のありようも変化せざるを得なかった。そうした変化を経て、新しい秩序をつくっていこうというとき、「有名な法」であった御成敗式目は、人びとがある程度共有して、それをもとに様々な取り決めや主張を行うことのできるツールとして大きな役割を果たしていた。

鎌倉後期には、「永仁の徳政令」のように地頭・御家人を対象にして出された幕府法が、幕府の予想を超えて、幕府関係者以外の人びとに広く参照されていく動きが始まる（笠松宏至『徳政令』)。それとともに、朝廷・幕府・荘園領主の個々の支配領域を超えた法を指す言葉として、「公家・武家」とか「天下一同」という史料上の表現も増えていく。これらの動きとも関連して、律令と御成敗式目が観念上融合して人びとに受け入れられていく動きが、これまでの研究においても注目されてきた(上杉和彦『日本中世法体系成立史論』)。かつて律令は中世には形骸化していたと思われていたが、少なくとも中世前期には人びとが何かを参照しようというときに一定の機能を果たしていた。それと同じようなものとして、式目もまた人びとに参照される法となっていたのだろう。

一二九六年(永仁四年)に書かれたという斎藤唯浄の式目注釈書(「関東御式目」)は、本書でも繰り返し式目理解のために参照してきたが、律令と同じように式目も注釈学の対象となったことを意味する。権威のあるテクスト(文章)を「本文」として、これに注釈を付けるという営みは、それ以前にも中国の古典や『日本書紀』・律令などでなされてきた。鎌倉時代、とりわけ唯浄が活動を始めた後嵯峨院政期は、古典の注釈が盛んになった時代であり、『源氏物語』や『伊勢物語』など歌物語や聖徳太子の十七条憲法など和書の注釈も始まっていた(前田雅之『古典と日本人』)。成立間もないテクストを注釈の対象とするのは稀有だが、式目はいち早くその中に加わったのである。

唯浄は中国古典(中国の詩文選集『文選』)の勉強会に参加するなど、京都の貴族社会の知識人たちとも交際するとともに、荘園領主の顧問弁護士のような活動をした人物だった(森幸夫『六波羅探題の研究』)。この唯浄が式目注釈を志したきっかけは、一二六〇年代頃、京都の大学者である藤原俊国（ふじわらのとしくに）に式目が賞賛され、名誉に感じたという出来事だった(「関東御式目」)。一二八九年(正応（しょうおう）二年)に唯浄はまず式目の書かれた写本の紙背に式目の語彙（ごい）の注釈を付けた(「唯浄裏書」)。当時の式目は権威のあるテクストの常として巻物に書かれ、巻物の特徴として、その紙の裏にメモなどを書き込むことができた。それを加筆・整理するかたちで作成されたのが注釈書の「関東御式目」だった。

この頃は幕府の側でも奉行人の家が確立していく時期であり、京都の視線を意識しながら、六波羅奉行人の家である斎藤家の学問として子孫に伝えていくために式目注釈を始めたのである。これは、貴族社会における古典の注釈学が文士の家の学問として継承されていたことと同じ営為である。式目注釈が在鎌倉の奉行人の家ではなく、京都・六波羅で始まったことも、この営為が貴族社会の家における学問と重なっていたことを示している。こうした出来事は式目の性格変化を象徴するものだったといえよう。式目という名称が律令格式の「式」を念頭に置いたものであるのはその通りだが(五七～六〇頁に前述)、律令格式に連なる式目という名称も、この時期に積極的な意味を持ってくる。

こうして現在に至るまでの式目の長い歴史が始まっていくのである。その多くは法制度というよりは政治思想・文化史の領域で議論されるところであるが、本章の最後に室町・戦国時代の法と式目について簡単に触れておこう。

建武式目と「貞永式目」

高校の日本史教科書をみると、次のように書かれていることが多い。鎌倉幕府の滅亡後、室町幕府のもとでも御成敗式目は武家の基本法であり、建武式目は施政方針であって式目に代わるものではなく、室町幕府の法令は「建武以来追加」（御成敗式目に対する追加）と呼ばれる、と。さらに詳しいものになると、戦国大名の制定法にも影響を及ぼしたと書かれることがある。

一三三六年（建武三年）の建武式目は、足利尊氏の諮問に対する意見書というかたちをとって武家政治の復活と今後の施政方針を宣言したものである。尊氏が征夷大将軍になるのは一三三八年（暦応元年）だが、学術的に「幕府の成立はいつか」を議論するとき、征夷大将軍になるという形式を重視することはあまりなく、室町幕府の場合、建武式目の成立を画期とする見方が有力である。初期の室町幕府の方針は鎌倉幕府体制の継続であり、確かに御成敗式目やその追加法の効力も否定されなかった。ただし、建武式目には御成敗式目からの引用はない。

一三三八年の幕府法令は、建武式目の第七条と同趣旨のものだが、あるべき守護像を示したうえで、「貞永式目を守り、大犯三箇条のほか、非法を行ってはならない」と述べている。御成敗式目第三条の定めた「三箇条」のうち大番催促は実質的な意味を失っていたが、寺社領・本所領の保護という初期室町幕府の基本政策を根拠づけるために、式目第三条が利用されていることが重要である。室町幕府法をみると、「貞永式目」「式目」への言及が四箇所ほどみえ（『中世法制史料集　第二巻　室町幕府法』、室町幕府追加法二・四・一〇・二五）、室町幕府の基本政策である寺社本所領保護の文脈で第三条（室町幕府追加法二五は第五条か）が言及されている。

荘園制を土台にしながら武家が朝廷・貴族・大寺社と共存し、社会を緩やかに統合していくという「国のかたち」は、室町期でも大枠は変わらなかった。御成敗式目とりわけその第三条は鎌倉幕府以来の「国のかたち」を象徴するものだったのである（八頁に前述）。

なお、鎌倉幕府における「式目」とは、御成敗式目五十一箇条に「追加」を加えたものだったが（八〇頁に前述）、室町幕府法では「貞永式目」として、一二三二年（貞永元年）に制定された五十一箇条を「追加」と区別して明示するようになっている。こうして「五十一箇条」「貞永式目」が御成敗式目の別称として定着するようになるのである。

戦国大名と御成敗式目

十六世紀、戦国期には各地の戦国大名の中に独自の法（分国法）をつくる動きが始まった。しばしば指摘されているように、戦国大名法の中には御成敗式目が影響を与えているものもある。駿河国の今川氏の『今川仮名目録』、その影響を受けた甲斐国の武田氏の『甲州法度』、御成敗式目の起請文を引き写した陸奥国の伊達氏の『塵芥集』などには、式目を意識した条文がみえる。ただし、すべての分国法に式目の影響がみえるわけではなく、あまり過大評価することはできない（拙稿「中世の法典」）。

戦国期においても御成敗式目が「有名な法」だったことを示すものとして、よく次の事例が挙げられる（笠松宏至『日本中世法史論』）。一五五三年（天文二十二年）、石山本願寺の法主証如（織田信長に対抗したことでよく知られる顕如の父）は、謀書（文書偽造）の罪を犯した罪人を処刑しようとしたが、式目第十五条に謀書に対応する刑罰は「遠流」であると書かれていることを思い出し、処刑してよいのかどうか気になり始めた。幕府の奉行人に相談して、足利義晴（室町幕府十二代将軍）の時代に謀書犯を処刑した先例があるという返事を得てから、犯人を処刑している（『石山本願寺日記』）。この事例は、戦国期においても式目が尊重されていたことの証拠としてしばしば取り上げられている。ただし、処刑したという別の先例があれば容易に式目の規定は無視されているのだから、何か規範意識があったと考えることはできない。伝統や先例を重んじる人たちにとって、気づいてしまったら気になる、何の根拠もなく判断することが躊躇われたときに根拠として挙げるのに相応しい由緒ある法というのに過ぎないのではないだろうか。

伝統を気にする人といえば、『塵芥集』をつくった戦国大名の伊達稙宗（伊達政宗の曽祖父）もそうだった。稙宗は室町幕府に莫大な贈り物をして、わざわざ幕府から陸奥国守護職に任じられたように、伝統的な権威を尊重した人だった。稙宗が御成敗式目を意識して『塵芥集』をつくった背景には、陸奥守護職に象徴されるような権威意識と伝統尊重があった（小林宏『伊達家塵芥集の研究』）。伊達氏以外では、今川氏と武田氏が式目を意識した分国法をつくっているが、今川氏は足利一門の名門守護大名であるし、武田氏もまた守護大名で、その『甲州法度』は『今川仮名目録』を参照して制定されている。

　自分の妻と密通した男性を夫が殺害してしまうことを妻敵討（めがたきう）ちといった。周防国（すおうのくに）の大内（おおうち）氏の分国法『大内氏掟書（おきてがき）』では、姦夫を殺した夫とその妻を流刑とするために、「貞永式目の規定に従って」という説明がなされている。だが、式目第三十四条の規定は、姦夫と妻の双方を処罰するというもので、姦夫を殺してしまった夫を処罰する規定ではない。当時の社会に根強く残っていた妻敵討ちの慣習を禁じるために式目の権威を利用したのだろうと指摘されている（勝俣鎮夫『戦国法成立史論』）。「有名な法」だっただけに、ずいぶんご都合主義的な利用をされたものであるが、鎌倉時代における式目の利用と質的に変わるものでもない。そうした「便利さ」こそが、鎌倉幕府滅亡後も式目が生き永らえた秘密だったのかもしれない。

第十章 「古典」になる

五十一という神話

十三世紀後半、御成敗式目が中世社会において新たな位置づけを得るとともに、五十一箇条をめぐって様々な伝説が語られるようになっていく。

御成敗式目の五十一箇条が聖徳太子の十七条憲法の十七を三倍した数字であるという説明がある。これが成り立たないという私見は前述したが（七三〜八三頁）、そもそもそうした説明はどうして出てきたのだろうか。十三世紀末に式目注釈書をつくった斎藤唯浄は、式目がどうして五十一箇条なのか、理由は分からないが「武州禅門（北条泰時）は大賢人である。御筆の者もまた才がある。どうしてたいした理由がなく五十一箇条と号することがあったのだろうか」と述べている（「関東御式目」）。唯浄は五十一という数字の由来をいろいろと探っているが、十七条憲法に由来する可能性を考慮してもいない。それとともに、どうして五十一なのかという疑問が、おそらく京都の人びとから問われる中で、浮上していた様子もうかがえる。

よくいわれるように、室町幕府の建武式目は十七箇条から成っており、御成敗式目が十七条憲法を意識していたという話の傍証として取り上げられることが多い。しかし、建武式目の本文では御成敗式目の引用・言及はなく、その条数から分かるのは、建武式目が十七条憲法を意識していたという事実だけである。建武式目は是円（中原章賢）ら朝廷の法曹家が中心になって起草されたもので、そのメンバーの一人である玄恵（天台宗の学問僧）は、十七条憲法の古注の作成者と伝えられている（「聖徳太子憲法　法印玄恵注」。ただし、仮託だという説がある）。江戸幕府が朝廷に出した禁中並公家諸法度（一六一五年〔元和元年〕）も十七箇条であったように、十七という数字が日本の国のかたちを定める法として象徴的な意味合いを持たされるようになっていく。

鎌倉幕府滅亡と建武政権成立を契機にして、公家法と武家法の融合が本格化する中で、武家法も十七条憲法に引き付けられるようになった。朝廷法の起源とされる聖徳太子の十七条憲法と武家法の古典である御成敗式目とを結びつける言説も、中世後期に京都の側で始まったのではなかろうか。公家と武家が併存する中世日本の国制のもとで、公武の法の歴史をどのように結びつけるのかという模索の中で生まれてきた言説なのだろう（拙稿「五十一という神話　御成敗式目と十七条憲法」）。

十七条憲法

国家の制法が六〇四年の十七条憲法に始まるという歴史認識は、八二〇年（弘仁十一年）に撰進された「弘仁格」の序にすでにみえており、朝廷における正統的な歴史認識だった。鎌倉時代においても聖徳太子信仰は発展し、武家の人びとの信仰も集めていた。

しかし、斎藤唯浄の注釈書「関東御式目」は、十七条憲法が日本の立法の始まりであることには触れるものの、御成敗式目のもとになった「式」を含む律令格式は中国に起源があることを重視している。「式は中国から日本に伝わり、公家から武家に至った」のである、と。その唯浄は膨大な漢籍を引用しながら式目を中国古典の世界と関連づけようと試みている。その目指す先は、古典の「本文」（六〇頁に前述）に象徴される普遍的な文明の世界であって、必ずしも日本の律令そのものではないし、ましてや十七条憲法ではない。唯浄は公家に学びながら、公家を相対化し、公家中心の秩序に飲み込まれないように距離をとっている。

十七条憲法について説明しておこう。六〇四年に聖徳太子が自ら定めたとされる。「憲法」の語は、『日本書紀』の表現であるが、近代法の憲法（constitutionの訳語）とは異なり、君主による訓示・訓戒という意味に近い。内容も、中国の古典や仏典に典拠のある言葉をちりばめて、有名な「和を以て貴しとす」の一節のように、倫理的・宗教的な性格が強いものである（『聖徳太子集』）。

聖徳太子は没後、礼拝・供養の対象となっていく。いわゆる太子信仰である。聖徳太子とは没後、厩戸王に捧げられた美称である。当時の朝廷の事業のほとんどすべてが、『日本書紀』には聖徳太子の事績として書かれているため、逆にいえば、厩戸王という人物は実在したものの、彼の事績として確かな証拠のあるものはないという議論もある。そうだとしても、仏教信仰の守護者というイメージとも関わって、古代から中世にかけて聖徳太子信仰が様々な広がりをみせ、日本の伝統文化・芸能の世界に深く組み込まれていくことは重要である。

ここで注目しておきたいのは、聖徳太子の憲法は十七箇条という簡潔なものだから素晴らしいという見方が生まれていたことである。『平家物語』には日本における法の歴史を語る一章がある（『延慶本平家物語』巻二）。聖徳太子の時代には十七箇条の憲法を定めて精神論を述べるだけでよかったが、時代が下るに従って、世の中が乱れ、律令格式のように、法がたくさん必要になってしまった、という歴史観である。古代は聖人たちの理想の時代で、現在は乱れているという歴史像は、中国の儒教だけではなく、おそらく古今東西で普遍的な見方であり、人類史上ではむしろ近代の進歩史観のほうが少数派なのだと思うが、時代が下るごとに「法令」第一になるのは世が乱れたからだとする認識は興味深い。

『平家物語』の記事は平清盛の政治に関連したもので、御成敗式目の成立まで語られているわけではないが、『平家物語』の生まれた鎌倉時代の貴族たちの「法の歴史」認識は、このようなものだった。一二六〇年代頃、京都の大学者である藤原俊国は、のちに式目注釈を書く斎藤唯浄に「式目は簡潔で、律令よりも素晴らしい」という感想を述べているが（「関東御式目」）、簡潔だからというのは皮肉でも追従でもなく、古代の十七条憲法のような簡潔な法が素晴らしいものなのだという常識的な歴史像が、貴族たちの間に実際にあったからではないだろうか。本書でみてきたように、式目の文章には武士たちへの訓戒として道徳的な文言がちりばめられている。そうした特徴もまた律令格式そのものよりは、中国古典に典拠を持つ訓戒・訓示的な内容をちりばめた十七条憲法との近さを感じさせたと思われる。

素朴主義の式目注釈学

しかしながら、唯浄の「関東御式目」の法律観は、こうした貴族たちの意識とはすれ違うところがあった（拙稿「鎌倉時代の天皇像と将軍・得宗」）。式目は中国の律令に由来しており、「寛仁廉直」「正直」の心があれば（中国古典の）「本文」に適うはずである、と唯浄は考えていた。「その心が正直でなければ、文を知って行わないものだ」「いまの律令法の専門家は令十巻、律十巻を読むだけだろう。法曹はすでに廃れている」として、同時代の律令専門家に辛辣な評価を下している。

北条泰時の書状もまた律令専門家たちによる学説や法解釈がばらばらなので人びとが迷惑をしていると述べていたが（六三頁に前述）、そうした批判的な意識を唯浄も共有していた。というよりは、御成敗式目制定意図を伝えた泰時の書状（二通目）を唯浄も読んでおり（「唯浄裏書」）、むしろ泰時書状を読み解くことで、唯浄の基本的な式目観が形成されていたようである。正直さ（「直しき」）も泰時が重んじたことだった（四三頁に前述）。ただし、「『本文』などはない。『道理』によるのだ」と開き直った泰時とは異なり、京都で学んだ唯浄はむしろ「本文」があることにこだわった。ところが、式目は泰時も認めるようにもともと「本文」はなく、結構な悪文だった（一〇九頁に前述）。そのような式目に強引に「本文」を見出して解釈しようとするのだから、唯浄の注釈は、牽強付会な説明に終始しがちだった。「追加」法も含めて幕府法全体の運用を明らかにするという方向に向かわず、式目五十一箇条にこだわった結果だった。

　とはいえ、そうした強引な説明の中に、唯浄の基本的な思想がむしろ素朴に表れているし、そちらのほうがとても面白い。北条泰時の書状にある「土民の安堵」に関連づけながら唯浄は中国古典の引用を続けている。とりわけ司馬遷『史記』の「匈奴伝」を引用し、素朴主義的な政治を行う遊牧民の社会を示しながら、「正直」を第一とすることの美徳を説くところは注目される。古代の人びとは素朴で、良い政治が行われていたという歴史意識が、同時代の野蛮な異民族に投影され、（自分たちの文明の卓越性を暗黙の前提にしつつも）文明を知らない野蛮人たちのほうが自分たちよりも素朴な社会を築いているのではないか、という議論が導かれている。こうしたスタンスは、文明の側を自負する社会が周辺社会に向けるまなざしのレパートリーの一つで、必ずしも珍しくはないかもしれない。興味深いことに、京都の公家を文明の中心だとすれば、「周辺」の側に位置するはずの唯浄がこうした箇所を引用し、公家を相対化して「正直」な武家の優位性を説明しようとしていることである。

こうした意識は北条泰時の書状にもみられたが、唯浄は律令だけではなく中国古典の引用を通じて理論武装している。簡潔で素朴なもののほうが「本文」に適うはずだという唯浄の意識は、律令・式目を観念上同一のものとするだけではなく、むしろ式目の卓越化を目指すものだった。京都に住み、貴族に学問を習いながら、武家に属する人間としての意識を持つ唯浄は、公家とは異なる価値を武家が持つことを考えざるを得なかったのだろう。これは唯浄だけの課題ではなかった。鎌倉幕府の歴史それ自体が、京都の政治や文化を学びながら、京都中心の秩序に吸収されず、上手に距離をとりながら、武家の独自性を模索していく長い歩みだった。この点において、唯浄は紛れもない鎌倉幕府の人であった。

唯浄にやや遅れて、朝廷の律令法専門家である是円（二一六頁に前述）は、式目の淵源が律令にあることを明らかにするためであるとして、一三一二年（正和元年）に「是円抄」と呼ばれる注釈書を書いていた（現存はせず）。しばしばこの是円の言葉を引用して、律令と式目が一体化しつつあったと説かれることがある。だが、唯浄のスタンスは、そうした潮流が京都で始まる中で、公家的なものとの対抗関係を意識しながら、武家の独自性を打ち出そうとするものだった。同じ鎌倉末期の京都で式目注釈を志した者同士ではあっても、武家に属する唯浄と公家に属する是円との間には深い隔たりがあったのである。

ところが、鎌倉幕府滅亡後、室町・戦国時代の式目注釈学の主流となっていくのは、公家系統の式目注釈学であった。是円が中心となって十七箇条の建武式目が起草されたのは象徴的である。唯浄の式目注釈書（「唯浄裏書」「関東御式目」）は、室町・戦国時代にも繰り返し参照されていくが、唯浄の持っていた素朴主義的な文明観、公家への対抗心などは忘却されてしまったように思われる。その動きと軌を一にして、五十一箇条は十七条憲法に倣ったものであるという言説が広がっていき、現在でもまことしやかに語られているのである。

式目をつくったのは誰だといわれてきたのか

「泰時は大賢人であり、御筆の者もまた才がある」というように、唯浄は式目の「御筆の者」を高く評価していた。唯浄は清原教隆・法橋円全・矢野倫重・太田康連・佐藤業時・斎藤浄円（長定）の六名の名前を挙げ、泰時が条文の「編目」（「事書」）をこの六人に与え、各自がおそらく分担して私宅で草案を作成し、後日泰時のもとに持参し、整理を経て五十一箇条に整えた、と説明している。『吾妻鏡』は泰時が太田（三善）康連に命じ、円全が「執筆」したとするが（四九頁に前述）、唯浄の説明ではこの両名を含む六名の共同作業となっている。倫重・業時・浄円は、評定衆の中でも文筆の士たちであり、彼らも協力して式目の文章を考えたというのは、妥当な説明のように思われる。

だが、六名の筆頭に位置する清原教隆は、一二四一年（仁治二年）に将軍に仕えるため鎌倉に下向した儒者であり、式目制定時点ではまだ鎌倉にはいない。状況から考えて、式目制定には関与していないと考えざるを得ない。それでは唯浄はなぜ清原教隆の名前を筆頭に挙げたのだろうか。清原教隆は鎌倉に儒学・漢籍をもたらした学者として当時著名だった。唯浄は京都の碩学（せきがく）藤原俊国の家に出入りして中国の古典を学ぶほどに勉強熱心だった。そのような人物であったからこそ、清原家と斎藤家との間に親戚関係があることを意識し、京にも知られていた儒学者であった清原教隆の名前を式目作成メンバーの中に入れたと考えられている。ちなみに斎藤浄円は同じ斎藤氏といっても六波羅奉行人の唯浄の家門とはそれほど近くない（森幸夫『六波羅探題の研究』）。鎌倉時代の式目注釈書だからといって真実を語っていないところが恐ろしい。

ところが、室町・戦国期に儒学者の清原家が式目注釈学の中心を担うようになると、先祖の清原教隆が筆頭に来る六人説が流布していることに目を付けて、教隆が一人で式目をつくったという単独説を唱えるようになる。また、六名説のほかに、起請文に署名をしている評定衆十三人全員が関与したという説明もあったようである。

こうして『吾妻鏡』の二人説、斎藤家（唯浄）の六人説、清原家の単独説の三つの説が生まれている（植木直一郎『御成敗式目研究』）。実際のところは、『吾妻鏡』のいうように康連と円全が中心になりながら、斎藤家の六人説から清原教隆を除いた五名が泰時のもとで式目制定に関わったと推定するのが妥当なところだろう。

清原宣賢の式目注釈書（『式目抄』）は、近世初期には権威のある注釈書として出版され（古活字本）、近世の出版文化の中で広がっていくことになる。その結果、聖徳太子の十七条憲法を三倍して五十一箇条にしたという説明や清原教隆の単独制定説が広がってしまった。当初は自家の権威を高めるため、あるいは秘儀的に五十一という数字に意味を見出そうとする試みが、清原家と近世出版文化を経て、あたかも中世に由来する正しい歴史知識として正統的な歴史叙述を生み出していき、現在の歴史叙述にも影響を及ぼしていくのである。

後世の説の怖いところであるが、間違った説や偏った見方がどうして登場し、どうして広がってしまったのか、そのプロセスそのものが時代を物語る史料となる。そうした意味における「式目の歴史化」が最初に始まったのが、式目が「天下一同の法」になっていく十三世紀後半という時代だった。

天皇と式目

さて、一二六〇年代に生まれていた「式目」伝説のひとつが、式目「同意」の院宣（院の命令文書）が出ていたという京都の噂だった（拙稿「鎌倉時代の天皇像と将軍・得宗」）。唯浄の注釈書では特に触れられてもいない。唯浄の耳には入らなかったのか、あるいは歯牙（しが）にもかけなかったのか、そのどちらかであろう。律令の専門家たちに批判的で、式目はむしろ律令よりも優れているという意識を持つ唯浄である。ところが、鎌倉幕府滅亡後、北条泰時が式目を天皇に「奏覧」したという言説が、式目注釈書の世界では大きな問題になる。「同意」院宣は京都で生まれた話であるが、「奏覧」説は東国の武家系統の式目注釈書にみえる。ある注釈書では、次のように語られる。一二三二年（貞永元年）八月十日に完成した式目の原本（いわゆる式目証本）は天皇に奏上されたのち、問注所の町野家（三善氏の一族）に預け置かれたが、鎌倉幕府滅亡後は町野家から鶴岡八幡宮別当に預けられ、さらに安保氏が八幡別当から相伝した、と（蘆雪本）。式目「奏覧」は『吾妻鏡』にも唯浄の注釈書にも書かれておらず、同時代には確認できない話であり、幕府滅亡後に式目の証本が流転して鎌倉府奉行人の安保氏の手に渡るという秘伝めいた話とともに、その写本を入手した人物による自己の権威づけの可能性は否定できない。だが、室町・戦国期の奉行人クラスの間で、天皇権威と自家の伝える式目を結びつける動きがあったのは興味深い。

南北朝・室町期の鎌倉には、幕府が京都に移ったのち鎌倉府が設置され、足利将軍家の一門の鎌倉公方が東国を統治していた。西の室町殿（室町幕府将軍とほぼ同義）と東の鎌倉公方という「兄弟国家」の対抗関係が生じていたが、朝廷権威を利用するのは京都にいる室町殿の側である。朝廷権威とは相対的に疎遠になった鎌倉の側で、式目と天皇を結びつけ、自分たちにこそ本物が伝わっているのだという歴史を創造していくのは、興味深い現象である。秘説をアイデンティティとし、自分たちの歴史叙述を生み出していくのである。

なお、京都で公家系統の式目注釈学を大成した清原宣賢は、「法典の制定は、天皇の勅を奉じて撰するか、自らつくったのちに天皇に奏上するものである。この式目はいまだ奏覧に及んでいない」と述べており、「奏覧」説を相手にもしていない。

出版と流布

清原宣賢は清原家の家学の集大成を成し遂げた学者であるというだけではなく、それを巧みに宣伝し、文字通りに覇権を握った人物であり、まさに戦国時代を代表する学者の一人である。この宣賢の娘を妻としていた小槻（大宮）伊治の成し遂げた大事業が、式目の出版である。朝廷の文書局の役人だった伊治は、一五二四年（大永四年）と一五二九年（享禄二年）の二度、清原家の持つ式目写本をもとにして『御成敗式目』の出版（木版、冊子体）を行った。中世にも木版の出版技術はあったが、仏典や漢籍が主だった。中世はジャンルに応じて書物の装丁や字体、印刷か否かが使い分けられており、式目は巻物か、注釈書であれば冊子体で書き写されていた。国書の出版という点において、式目の出版は画期的な出来事だった。

大永版は二本（龍門文庫本、天理大学附属天理図書館本）、享禄版は約五本の存在が知られるのみで、いわゆる稀覯書となっている。近世初頭には享禄版をもとにして慶長版（一六〇七年〔慶長十二年〕）が刊行され、この慶長版がさらにその後の刊本のもとになった。江戸時代は式目の大出版時代で、毎年のように各地で式目が出版されたが、小槻伊治の出版事業はその源流に位置するのである。さらにいえば、中世の清原家の式目注釈学は、こうして近世の出版事業に接続し、広く刊行されることで覇権を握った。式目本文の文章・文字について武家系の古写本（中世の古写本）とは異なる点もあったが、近世近代に流布するのは、清原家の伝える式目のテクスト（文章）のほうだった。近現代の式目研究は、中世の古写本を集め、清家本のテクストを批判的に検証する営みでもあった（一一〇〜一一五頁に前述）。

さて、少し先回りしたが、小槻伊治はどうして式目を出版したのだろうか。大永版の刊語（版本の出版に関する事項の記載）には、「律令に本づく。以て式目と定む。総じて五十一ヶ条」は「理国の紀綱」であると述べている。また、清原教隆が式目編集者の筆頭であると強調している。さらに享禄版の刊語では、式目は「万代不易の法」であり、清原家が自家で継承してきた訓読点（漢文をどのように読み下すのかを示すもので、しばしば学者の家ごとに読み方が異なっていた）を本文に加え、読みやすくしたので、郷村の人びとにも式目を学んでほしいと書かれている。式目は万人に通じる普遍的な法であり、百姓たちまでもが読者として想定されていた。

式目の出版は仏典以外の国書の印刷の早い例であるが、この時期には式目以外にも清原氏の周辺で『医書大全』『三体詩』や『論語』が出版されていた。これらをみると当時の人びとにとって、医書や語学書、年代記、儒書などの「基本的な実用書」が印刷されていたことが指摘されている（久保尾俊郎「『御成敗式目』の出版と小槻伊治」）。式目も武家の法律専門書というよりは、道徳的な内容を含めた書物として受容されていた。天理図書館所蔵の大永版には数多くの書き込みがあり、勉学に用いられたことがうかがえる。

当時の朝廷の中下級官人たちも、いくつかの家が家業の分野ごとに競合していた。一五二〇年（永正（えいしょう）十七年）に二十五歳で伊治が継承した大宮家は、同じ小槻氏の同族である壬生（みぶ）家とライバル関係にあった。大宮家では古今の法令文書が失われてしまい、壬生家との対抗上不利な状況にあった。その四年後、二十九歳の伊治が姻戚の清原家の家説をもとにして、式目（大永版）を出版した背景には、こうした家同士の競合関係があると考えられている。大宮家の存在をアピールする意図のもと、姻戚の清原家の家説に依拠して出版に踏み切ったのである。学問や知識が「家」存続のための秘説形成と不可分だったのが中世という時代の特徴であるとすれば、伊治の出版事業は中世に連なるものであるとともに、出版文化を通して知識が公開される近世という時代に踏み出すものであり、中世と近世という時代の結節点に位置していた。

近世の御成敗式目

印刷文化とともに日本中に広がった式目は、近世には寺子屋で教材となった。寺子屋では『千字文（せんじもん）』（一千字から成る習字手本および初学教科書）のような有名な中国古典が、子どもたちが文字を覚えるための教材として利用されていた。式目もその一つとして利用されたのである。近世の式目刊本をみると、素読（そどく）といって読み上げる目的のものは返り点や送り仮名を付けず、習字用の本には返り点がないなどいくつかのバリエーションがあり、絵入り本も現れた（植木直一郎『御成敗式目研究』）。十三世紀後半には「式目追加」から切り離された五十一箇条が特別視される動きが始まっていたが、それでも中世の段階では「式目追加」や式目注釈学と結びついていた。ところが、近世の刊本では追加とも式目注釈学とも切り離され、完全に五十一箇条だけが「古典」として流通することになったのである。

その一方で、式目の内容にはそれほど関心が持たれたわけではなかった。清原宣賢の『式目抄』と関東系の蘆雪本の異本と考えられる『御成敗式目註』が江戸前期に出版されていたが、その内容は近世人には理解しがたかったらしい。寺子屋教材の式目の参考書としては、十七世紀前半に『平仮名式目』、十九世紀前半に高井蘭山（たかいらんざん）の『御成敗式目詳解』が刊行されたが、江戸時代を通してこの二書しかなかったという。高井は『絵本三国妖婦伝（ようふでん）』など歴史を題材にした作品を多く書いた戯作者だったが、その本は式目の参考書として広く読まれていたという。

式目本文の具体的な内容への関心は失われていくが、式目をめぐる伝承は近世の出版文化の中で生き残っていく。式目の編纂を北条政子が行ったという伝説（史実としては式目編纂は政子の死後）が近世には式目出版の中でまことしやかに広がるが、これについても関東系の注釈書（蘆雪本）の記述が誤解のもとではないかという説がある（榊原千鶴「『蘆雪本御成敗式目抄』にみる近世前夜」）。出版文化は、裾野（すその）の拡大とともに一律化を進める側面もあり、さらに、思いがけず中世の秘説をよみがえらせ、その後の歴史叙述に影響を及ぼすこともあったのである。

よみがえる秘説

江戸時代の式目注釈学は清原家が覇権を握っていき、関東系の式目注釈書にみえた「奏覧」説は消えていくかと思われたが、明治時代になって再発見される。一八八九年（明治二十二年）、明治憲法（大日本帝国憲法）制定のとき、「憲法律令ハ、王政の時ハいふも更なり。幕府執政の時だに、凡て天子の御批を経たるものなり」と主張する国学者の増田（本居）于信によって、「天子」すなわち後堀河天皇の「御披閲」があったという『式目聞書』の一節が取り上げられ、「御成敗式目」が天皇の承認のもとで制定されたように、日本には欽定憲法の伝統があったと論じられたのである（増田于信「法律の御批」『如蘭社話』巻第一二。山口道弘氏のご教示による）。増田は「続群書類従」（江戸後期に成った叢書で、散逸の危ぶまれる古書を収集・編纂した「群書類従」の続編）に収録されている『式目聞書』を参照したという。『式目聞書』とは戦国末期に写された式目注釈書の写本である。「続群書類従」の出版（経済雑誌社版）が始まるのは一九〇二年（明治三十五年）だが、刊行準備中の写本を参照したのだろう。増田は『日本古代法典』（一八九二年〔明治二十五年〕）の編纂に関わるなど、日本法制史に深い関心を有した国学者だった。

式目と律令の関係をどのように考えるのか。これは北条泰時も悩んだ問題で、二通の書状を書いているが（四二頁以下および五六頁以下に前述）、十三世紀後半に式目の国家的な位置が高まると、式目と天皇の関係という問題が生じた。「同意」の院宣が出されていたという噂は、そうした鎌倉後期という時代状況のもとで固有の意味を持ったが、文字として書き留められることによって、別のものとして解釈される可能性が生じた。

中世の式目注釈学は、斎藤唯浄や奉行人たちの家の学問であり、一種の秘説であった。自分たちの伝える秘説として、様々なバリエーションが生まれていく。鎌倉幕府滅亡後に東国・武家の側で生まれた式目「奏覧」説やそれにまつわる伝来伝承は、その最たるものだろう。こうした秘説の世界は、噂の世界ともつながっていて、まさに密（ひそ）かに伝えられていくものであり、その多くはさらに変容し、あるいは消えていく運命ではあったが、近世以降に出版文化が始まるとともに、そうした秘説が出版されて流布することになった。

「奏覧」説はいったん消えかかったが、「続群書類従」という近世・近代の出版事業によって拾い出されることで、天皇中心の国制が武家時代にも続いていたことの象徴として明治憲法制定期には再発見されるに至ったのである。その後は再び姿を消していくが、何かのタイミングで生き残る可能性はあったし、今後も復活する可能性がないとはいえない。中世の秘説とは異なり、いったん書物として出版されると、いつ、どのような読者の目に留まり、どのように読み替えられていくのか、分からないのである。

歴史は常に生き物のように変化し続け、その時代時代において意味を持たされていく。だから歴史は面白いのだと思う。

第十一章　現代に生きる式目

御成敗式目の歴史は、明治維新を迎え、近代になっても途絶えることはなかった。むしろ新たな読まれ方をしていく。

英訳される「封建法」

十九世紀後半、欧米人が日本を訪れ、日本人も欧米の近代学問を学ぶようになると、日本の過去の歴史をヨーロッパ史の知識や枠組みで理解しようという動きが始まる。ヨーロッパ中世には、主君と家臣との主従関係に基づく「封建制（ほうけんせい）」という社会システムが存在したが、日本にも「封建制」が存在したのではないかと考えた人たちは、中近世の幕府や武士社会をヨーロッパの「封建制」の枠組みで理解しようとした。

「封建制」という日本語は複数の意味を有している。一般的な用法として、古い権威主義的・家父長的な慣習を「封建的」だと批判的に用いることもあるが、学術的な用法としては、次の三つに整理することができる（上横手雅敬『日本中世国家史論考』）。①古代中国において領地を一族・家臣に与え、統治を委ねる方式を「封建」といい、中央から官僚を派遣して統治する「郡県（ぐんけん）」と対になる。②中世ヨーロッパにおいて主君と家臣が土地を媒介にして主従関係を結ぶしくみを英語でフューダリズム（feudalism）といい、「封建制」という訳語が生まれた（法制史的用例）。③マルクス主義歴史学において、土地に緊縛された農奴（のうど）支配に基づく領主制を指す（社会経済史的用例）。

このうち江戸後期には、中国史における「封建」か「郡県」という①の概念を用いて、日本の「国のかたち」を議論することが流行し、廃藩置県など明治維新の際の国家構想にも影響を与えた。さらに、明治初期に②フューダリズムが「封建」と翻訳されたことで、日本では①と②の意味がやや混同されて、武家政治の時代が議論されるようになったのである。日本にもヨーロッパと同じ「封建制」が存在したと議論されるときの「封建制」とは、②の主従関係のしくみを意味する。

ヨーロッパの封建制では、主従の契約関係や法律が重要な役割を果たしていた。そうした封建制の伝統が近代の法文化の土台にあるという議論もあった。日本の世界史教科書にも載る有名なものとして、式目制定とほぼ同時代の一二一五年のイングランド（イギリス）では、前文と六十三箇条から成り、貴族・教会の権利を認め、貴族たちの同意を得ずに恣意的な課税を行わないなど、王権を制限する規定を記した大憲章（マグナ・カルタ）が制定された。

国王が勝手に重税をかけたことに反発した貴族たちが反乱を起こし、その制定を王に強制したのである。実際には、王と貴族の力関係の中で、反故にされたり、繰り返し出されたりするなど、現在の憲法のような感覚で考えることはできない。しかし、近世・近代には一二一五年のマグナ・カルタが「法の支配」の起源・原点にあるという「マグナ・カルタ神話」が生まれていく（深尾裕造編著『マグナ・カルタの800年』）。

ヨーロッパにおける封建法の重要性を念頭に置いたとき、御成敗式目はこれら西洋中世の封建制（封建法）と比較可能なものが「日本（中世）にもあった」ことを示すものとして、新たな歴史上の意義を見出されるようになる。最初に式目に注目したのは、日本にいたイギリス外交官ジョン・ケアリー・ホールだった（拙稿「朝河貫一とジョン・ケアリー・ホールの往復書簡の紹介」）。ホールは北アイルランド出身で、イギリスのバリスタ（法律家）の資格を持ち、日本在住のイギリス人を中心とした日本アジア協会という学会で活動していた。この学会の刊行する雑誌上で、ホールの英訳した式目は一九〇六年（明治三十九年）に刊行された。日本封建法の研究という目的のもとに行われ、イングランド法・封建制を意識した翻訳になっている。鎌倉時代の女性に財産相続権があり、女性の地位が後世よりも高いことにホールは驚いていた。

ホールが利用した御成敗式目の刊本は、萩野由之らによって編纂された『日本古代法典』（博文堂、一八九二年〈明治二十五年〉）であるが、この史料集には特に注釈や解説はない。ホールは江戸末期に流布していた高井蘭山の式目注釈書を参照していた。これは寺子屋の参考書で（二二九頁に前述）、必ずしも研究水準は高くはないが、近代歴史学における式目研究はまだ本格化しておらず、孤独な先駆者であったホールにはほかに参照するものがなかったのである。その後、式目の研究は日本でも本格化するが、学術的な現代語訳は作成されていない。ホールの英訳は、世界初の式目の現代語訳だった。

二十世紀前半にアメリカの名門イェール大学で教授になった朝河貫一は、日本の「封建制」をヨーロッパと比較することを試み、比較史・比較封建制論の先駆者となった。朝河は日本「封建制」に関する基礎史料を英訳し、アメリカ人学生・研究者に提供することを目指していたが、最初に目を付けたのは御成敗式目だった。ただ、ホールの英訳が先に刊行されていたこともあって、基礎史料として古文書の研究に尽力し、一九二九年（昭和四年）には鹿児島の武家文書を英訳した『入来文書（いりきもんじょ）』（*The Documents of Iriki*）をアメリカで刊行した（拙稿「『入来文書』の構想とその史学史上の位置」）。

ホールの式目英訳はその後の英語圏で長く参照されていくことになる。しかし、ホールの英訳は現代の研究水準からみると不十分なところも多く、式目追加（八〇頁に前述）の分析や翻訳がないので、あたかも式目五十一箇条がそれ自体で完結したもので、現代でいう憲法であったような誤解を与える恐れがある。その後、一九五八年にはヴィルヘルム・ロールによってドイツ語訳がなされ、二〇二二年にはトーマス・コンランによる新たな英訳が刊行された。このように外国語の「現代語訳」はあるが、日本語のものがまだないというのも不思議な現象である。

近代の式目研究

明治後期には西欧諸国の近代法に倣った法典編纂が始まった。その中心メンバーでもあった法学者の穂積陳重（ほづみのぶしげ）は、人類の歴史における法律の進化に関心を寄せ、「法律進化論」という学説を唱えるとともに、御成敗式目の写本・刊本のコレクターとしても知られていた。そのコレクション（穂積文庫）は現在東京大学総合図書館にある。この穂積から資料提供を受けてなされた式目研究の集大成が、植木直一郎（うえきなおいちろう）『御成敗式目研究』（一九三〇年〈昭和五年〉）である。

植木に先立って近代歴史学における式目研究の嚆矢（こうし）となったのが、一九一九年（大正八年）の三浦周行（みうらひろゆき）の論文「貞永式目」である。三浦は帝国大学文科大学（東京大学文学部の前身）で歴史学を学ぶ一方、法科大学（東京大学法学部の前身）で法制史料の調査に従事し、一九〇七年（明治四十年）には新設の京都帝国大学の史学科に着任していた。「貞永式目」の論文と同じ一九一九年に三浦は「日本人に法治国民の素質ありや」という論文を発表していた。当時西洋流の法治主義を日本に導入することの困難さが論じられていたのに反論し、鎌倉時代には訴訟が数多く起こり、裁判制度が発達したことを強調し、日本人に西洋諸国と同じく

「法治国民の素質」があるという主張をしたのである。

「前近代において高度な発展を遂げた鎌倉幕府裁判」という三浦の描いた像は、その後の研究や歴史教育にも根深い影響を及ぼしている。「日本人に法治国民の素質ありや」という問いにみられるように、そうした歴史像は西洋近代に向き合い、これを模範として目指さざるを得なかった近代日本の知識人にとっての切実さに根差していた。

第二次世界大戦後の式目像

第二次世界大戦後に刊行されたマルクス主義歴史家の石母田正の『中世的世界の形成』（一九四六年〔昭和二十一年〕）は、新しい歴史像を示すものとしてロングセラーになった。近代日本は天皇を国民統合・国民国家の中核に据えていたため、一般国民の受ける歴史教育にも国家主義の影響・統制が強く及んでいた。戦後は「教育の民主化」の方針のもと、教科書の国家主義的な記述が墨で塗られたが、とりわけ敗戦時まで正統とされていた天皇中心の歴史叙述が突然否定されたことによる人びとの衝撃は大きかった。

『中世的世界の形成』は、東大寺領伊賀国黒田荘という一荘園を舞台にして在地領主（武士）たちを主人公に据えた歴史叙述である。孤立して閉塞状況に陥った悪党（荘園を侵して荘園領主や幕府に反抗する武装集団）の「敗北と蹉跌」の歴史を語った点で、決して楽観的な武士の成長物語ではない。そこには戦時期に大衆から孤立し、天皇制国家に抵抗もできなかった石母田らマルクス主義者たちの「敗北と蹉跌」の体験が色濃く投影されていた。おそらくはそれゆえに、戦時期の記憶を生々しく持ち、深い悔恨と自己否定の念を抱きながら、それでもなお前に歩き出すために新たな歴史像を望んだ人びとにこの著作は熱狂的に受け入れられたのである。

この著作の中で石母田は、古代法から中世法への転換点として御成敗式目を論じている。つまり、古代の律令法が中国に倣って導入された外来の法（継受法）で、形式的・抽象的であるのに対して、式目は「道理」という武家社会の慣習に根差し、日本社会の現実の中から生まれた中世の法であるとして高く評価した。本書では「道理」の実像について批判的に検討したが（六五頁以下に前述）、式目が「道理」の法として高く評価されたのは石母田の影響が大きいのである。

しかし、そうした「道理」の法が、現代の日本につながるわけではなかった。進歩的な戦後知識人を代表する政治学者の丸山眞男は、石母田とも親交があったことで知られるが、式目にイギリスのマグナ・カルタと同じく「法の支配」を読み取り、これを高く評価した。戦時期の国家主義を象徴する天皇制やこれを支えてきた日本の伝統的な思想（いわゆる「古層」）を克服する可能性が式目に見出されたのである。しかし、鎌倉幕府の滅亡とともに、式目の規範は失われ、普遍的な規範意識へ成長することはなかったという（『丸山眞男講義録　第五冊』）。

鎌倉幕府、とりわけ執権政治期に理想を見出せば見出すほど、その理想が現代に継続しなかったことの「つじつま合わせ」をしなければならない。鎌倉後期の得宗専制期であるか（一八三頁以下に前述した鎌倉幕府政治史の三段階論）、鎌倉幕府滅亡か、あるいは近世（江戸幕府による幕藩体制）か。どこかに「敗北と蹉跌」を見出さなければならない。三浦周行が「日本人の法治国民の素質」を論じ、現在の改革のために歴史を利用しようとしたのに比べると、こうした過去への向き合い方はやや屈折しているようにも思える。それもまた敗戦国として始まった「戦後」の心象風景のひとこまだったのかもしれない。

象徴天皇制の起源探し

これまで専門家による御成敗式目研究を論じてきたが、続いて狭義の専門家以外によって書かれた二冊の本を取り上げたい。

一つは一九八二年（昭和五十七年）に刊行された山本七平（やまもとしちへい）の『日本的革命の哲学』である。山本は新保守主義的な立場から言論活動を行った評論家で、戦争体験に基づいた『「空気」の研究』では日本人の行動や思想を分析するなど、様々な日本人論を展開し、一九七〇年代以降広範な読者に読まれていた。山本の『日本的革命の哲学』は次のような序文から始まる。

いったい「象徴天皇制」はだれが創り出したのであろうか。（中略）この体制創出の

〝革命〟を行ない、同時にその思想に基づく法律を天皇に関係なく制定し公布したのが北条泰時であり、その法律が『関東御成敗式目』（貞永式目）であった。これは外国から輸入した継受法ではなく、自らの規範を条文化した日本ではじめての固有法である。日本人が、外国からシナリオを借りず自分の法律を自分で制定し、自分で公布して施行したのはこのときが最初であり、これが、日本独自の「自前の秩序」が成立した第一歩であった。

「象徴天皇制」とは、第二次世界大戦後の日本国憲法に基づくもので、平たく言えば「天皇は君臨すれども統治せず」というものである。戦後すぐの時期から「象徴天皇制は戦後に始まるものではなく、日本史の長い伝統に根差したものである」という議論が、主に法学部系統の学者たちの間で始まった（石井良助『天皇』）。天皇権威が衰えた混迷の時代として、中世という時代は戦前には低く評価されがちだった。だが、戦後になると評価が逆転した。民衆が力を持って下克上（げこくじょう）をしていく時代、あるいは天皇が権力を失いつつも存続した時代として、中世に注目が集まったのである。そこには現代に共鳴する何かが見出されていた。

明治時代に大日本帝国憲法が制定されるときには、天皇の奏覧を経たという式目「伝説」が注目され、欽定憲法の伝統が主張された（二三〇頁に前述）。これに比べると、「法律を天皇に関係なく制定し公布」したことを「革命」と評価する点は、事実認識と評価が正反対になっていて興味深い。しかし、「現在の天皇」のあり方の淵源を式目に見出そうという姿勢は、実は変わらないことにも注意したい。

外国からの継受法（律令）と日本人独自の固有法（御成敗式目）という枠組みにみられるように、山本の議論は石母田の研究をベースにしていた。しかし、マルクス主義歴史家として戦前の国家体制に批判的だった石母田が、天皇制国家とは別の「新しい国家」が生まれる可能性を式目（鎌倉幕府）に見出していたのに対して、山本は戦後日本の象徴天皇制（天皇は君臨するだけで、国政は主権者である国民に選ばれた議会と政府が行う）の淵源を北条泰時と式目にみている。同じ事象を取り上げていても、評価・解釈が様々である点に、歴史の面白さと恐ろしさがある。

本書でも述べてきたように、鎌倉時代には朝廷も全国政権としての実体を持っており、象徴天皇制とは全く異なるし、山本の著書には専門家からみて理解の誤りも目立つ。しかし、山本の試みは、いわゆる専門の歴史研究者以外の人たちにとって、式目がどのようにみえていたのか、式目を用いて現在（戦後社会）をどのように日本の歴史の上に位置づけようとしていたのか、という貴重な証言になっている。

さらに、山本は明恵という僧侶に注目していた。明恵は華厳宗中興の功労者とされ、数多くの著作を残した。明恵は承久の乱で敗兵たちを京都郊外の高雄山高山寺に匿ったことをきっかけに、幕府軍の司令官であった北条泰時と親交を結んだという。山本は泰時の「道理」と御成敗式目の思想的背景を明恵との交流に読み取ろうとした。明恵と泰時の交流に関する文献は、時代が下った時期の明恵側のもので（『明恵上人伝記』）、式目制定時の史料として使うことにはやや問題があり、本書でも特に取り上げてこなかったが、思想史の材料としては確かに興味深い。

山本はこの二人の交流を論じながら、泰時の式目制定は、王朝交替という「中国型革命」でもなく、言葉に基づく契約を重視する「西欧型革命」でもなく、天皇の存在を含めて、あるがままの「自然的秩序」を尊重する「限定的西欧型革命」であると評価している。現在ではそうではなくなっているが、「戦後」の冷戦下では、欧米を模範としなければならないという感覚が日本社会の中で大きな力を持っていた。一方、それに対する反発もあり、国際化と外国との交流が進む中で、「日本人とは何か」という問いが生まれていた。象徴天皇制のもとで歩み始めた戦後日本が、単なる西欧の模倣ではなく、鎌倉時代からの歴史的伝統に根差すという議論は、戦後日本の自分探しといえるのかもしれない。

立憲主義と改憲論

さて、もう一冊は、二〇一六年（平成二十八年）に日本近代史家の小路田泰直（こじたやすなお）が発表した『日本憲法史――八百年の伝統と日本国憲法』である。

二〇一六年の憲法解釈の変更による集団的自衛権の行使容認（いわゆる「安保法制」）の際、

「立憲主義」の危機が盛んにいわれた。立憲主義とは平たくいえば、憲法によって政府の恣意を制限し、国民の権利を守ろうという考え方である。小路田は日本近代史研究者であるが、「立憲主義」が「近代西洋の産物であり、日本は明治維新後、ただそれらを継受しただけ」という「一般の常識」に対して、「日本の歴史の中にルーツを持つもの」であることを明らかにすることが、現在の私たちが立憲主義を自分たちのものとして大事にしていくことにつながると考えた。そして、小路田は、西欧の立憲主義の淵源とされる一二一五年のマグナ・カルタと同時代に制定された一二三二年（貞永元年）の御成敗式目に注目し、過去から積み重なってきた「道理」に基づく式目こそ「この国最初の法＝憲法であり、その制定こそが、この国における「立憲主義」確立に向けての最初の一歩だったのである」と高く評価する。

この時期の憲法改正論議において式目が取り上げられることもあった。近代史家の川口暁弘（かわぐちあきひろ）は『ふたつの憲法と日本人——戦前・戦後の憲法観』の中で「幕府の基本法である御成敗式目や武家諸法度は頻繁に補足修正」が加えられて柔軟に運用されていたのに対して、改憲論に強い批判が加えられるのは近現代日本の特徴であると論じている。しかし、本書でみたように、制定当時に「不磨の大典」とする意図はなかったが、式目五十一箇条それ自体は修正されることもなく、追加法が積み重なり、式目の規定内容が事実上変更されていく（「解釈改憲」でさえもない）。その一方で、式目五十一箇条への「半盲目的な尊崇感」（笠松宏至）が社会的に広がっていくという状況をみると、川口とは逆にむしろ式目と日本国憲法との共通性を論じることも可能かもしれない。

同じ時期に、中国法の継受だった律令に対して、式目を日本国民の自主的な法として位置づけ、敗戦後の「押しつけ憲法」に対する「自主憲法」論に利用する議論も、ネット上にはみられた。ただし、式目を立憲主義に関連づける議論に比べて、大きな動きにならなかったようである。保守系の歴史家である田中卓（たなかたかし）が「日本国憲法は、要するにマッカーサーの武力によって押しつけられた〝武家法〟に他（ほか）なりません。本当の憲法は、律令法の流れをくむ〝大日本帝国憲法〟なのです」（『祖国再建』下）と述べているように、天皇の定めた律令に対して、式目は天皇ではなく武家が定めたものだから、天皇の統治を重視する保守系の議論において、自主憲法論に式目を利用するのはやや筋が悪かったのかもしれない。

いずれにせよ、自分の主張を根拠づけるために歴史を利用する動きが、立場を問わず確認されるのである。どうして私たちの社会は歴史を必要とするのだろうか。本書で取り上げた諸事例もこの問題を考える材料になるのかもしれない。

小路田の式目論は、現在の立憲主義を守るために、その歴史的起源を探るというアクチュアルな目的によるものである。中世史の専門家の見地から、著者がその当否を論じることはできなくはないが、ここでは式目の受容史が戦国時代で終わることなく、近代、そして二十一世紀の現在にもなお続いていることに目を向けておきたい。式目をどう受容して、自分たちの歴史をどう描いていくのかは、結局のところ私たち自身が何であるのかという問題なのである。長いあいだ繰り返し読まれ、その時代時代に応じた読まれ方をしていくものを一般に「古典」と呼ぶ。式目はまさに古典なのである。

読まれない古典

御成敗式目は確かに「古典」だった。しかしながら、古典の常として、いや他の古典に比べても、本文が読まれないという点に式目の特徴があるように思われる。山本七平のように、式目五十一箇条の本文ではなく、北条泰時の書状や明恵との交流などを素材にして、「道理」を論じるという議論が多い。つまり誰でも名前を聞いたことがある有名な古典であるわりに、式目本文を読んで、式目を論じるというものが、ほとんどないのである。たとえ正統的な読み方からは「誤読」とされてしまうことがあったとしても、古典には様々な読みを許容する懐の広さがある。中世の式目注釈学には、式目の一言一句の意味や漢籍の出典を探って、中世の人たちなりに歴史を探ろうという営みがあった。ところが、式目は近世段階では、寺子屋の教材となって社会の隅々に流布はしたが、字を読み書きするための教材であって、内容にはさほど関心を持たれなかった。式目は有名なわりに、式目の「読み」の世界はそれほど豊かに広がっていないのである。

その理由の一つは、一二三二年（貞永元年）の制定時点の状況を知らないと十分に理解できない法律書であり、古典とはいっても中身自体には関心を持たれなかったことがあるのだろう。現在でもなお専門家による一般向けの解説や現代語訳がほとんどない。式目の現代語訳が難しいことは、式目の文章の稚拙さや本文の流動性に由来するのだろう（二〇九～一一一頁に前述）。山本の『日本的革命の哲学』は、『中世政治社会思想』の読み下しと注をもとに、五十一箇条の具体的な内容に踏み込んでいる点でも重要であるが、山本の著書以外に一般向けに五十一箇条の中身を説明したものがないことに、著者はかえって驚いたものである。具体的な中身が分からないからこそ、その時代時代に応じた「歴史像」が託されてきたという側面もあるのかもしれない。

いや、これは式目に限らず、歴史一般にいえることだろう。現在知ることのできる過去の情報は断片的で、結局過去のすべてを理解できるわけではなく、私たちはその断片をつなぎ合わせ、自分なりの歴史像をつくっていくしかない。よく分からないからこそ、現代の関心から様々に問いかけられ、様々なものが引き出されてくるというのは、歴史というものの常である。とりわけ中世は「よく分からない」時代だったので、近代歴史学は中世史研究を一種の主戦場としてきた。そして、歴史家自身も含めて、しばしば人びとは自分の見たい過去を中世に投影してきた。式目は、そうした不思議な時代を象徴する、いわば役者の一人でもあったのである。

本書は式目を通して、中世がどのような時代だったのか、そして中世の歴史が、現在に至るまでどのように受容されてきたのかを考えてきた。歴史学とは過去の情報を伝える「史料」をもとに過去に関する何かしらを明らかにする学問だが、ありのままの過去を知り得ないという点では、専門家以外の語る歴史と条件の差はない。これは著者の私見に過ぎないが、決定的な違いがあるとすれば、個々の情報を伝える「史料」に立ち入って過去を吟味し、過去が「よく分からない」ものであり、そうであるがゆえに人びとは過去に向き合い続けてきたということに、歴史家が自覚的である点にあろう。人間社会が棄てようとしても棄てきれない歴史とどのように付き合っていくのか、本書がその手掛かりになればよいと思う。

もし本書によって御成敗式目の実像の一端が読者に提示されたとすれば、ここで述べたような意味での式目受容の歴史は終わりを迎えるのだろうか。それとも依然として人びとが何かを託すものであり続け、新たな歴史を刻むことになるのか。私はこの歴史の「これから」に、今後も注目し続けていきたいと思う。

あとがき

二〇二一年七月、英国ソールズベリー大聖堂でマグナ・カルタ写本の展示をみたときの驚きは今でも忘れることができない。大きな部屋の中にさらに天幕が張られ、その中に写本が安置されていた。保存上の理由もあるのだろうが、あたかも聖遺物であるかのような荘厳さだった。一二一五年の制定時、六十以上のオリジナル写本が作成され、イングランド国王ジョンにこれを認めさせた貴族たちや教会がそれぞれ所持していたようだが、現在残るオリジナル写本は、このソールズベリーの写本を含めて四つだけであるという。テントの周りには様々なパネル展示があり、中世のペンや紙などと並べて写本の作り方を解説したものから、歴史的背景を説明したものまで興味深かった。パネルを前にして小学生の娘に説明を試みている父親の姿をみて微笑(ほほえ)ましく思うとともに、パンデミックのさなか、家族を日本に残して当時ケンブリッジ大学に在外研究中だった著者は、寂しく感じたものである。

特に印象的だったのは、パネル展示の中で、人権（抵抗権）の出発点がマグナ・カルタにあると高らかに書かれ、その横に設置されたディスプレイで、群衆のデモ行進と銅像が倒されるシーンの映像が繰り返し流されていたことである。二〇二〇年、コロナ感染拡大の中で始まったＢＬＭ（ブラック・ライブズ・マター：Black Lives Matter）運動、つまり黒人差別への国際的な抗議行動が英国各地でも展開されたが、その映像であった。その数日後に訪れたバース寺院では、大英帝国と奴隷制度に関するパネル展示（Monuments, Empire & Slavery）が聖堂の中で行われていた。英国各地で奴隷貿易によって富を得た大商人や政治家の銅像が引き倒されるシーンが日本でも報道されていたが、ＢＬＭ運動では銅像だけではなく、奴隷貿易の富によって建てられた様々な建築物、オクスブリッジのカレッジ、文化財が批判の対象となっていた。その真の批判とするものは、アフリカの黒人奴隷貿易の上に築かれた現在のイギリスやその「近代」そのものなのだと気づかされた。そして、教会はこの運動を支持しており、マグナ・カルタの精神の延長線上にあると位置づけようとしているようにもみえた。貴族・教会の特権主張から立憲政治、そして人権の理念、さらにＢＬＭ運動へ、英国社会が様々な新しい問題に直面するたびに、マグナ・カルタが繰り返し参照され、利用されている様子に、歴史の持つアクチュアリティを感じたものである。そのとき、著者の脳裏をよぎったのは、しばしばマグナ・カルタと比べられることのある御成敗式目とは何だったのかという疑問だった。

英国滞在中、著者は各地の博物館や史跡を回ったが、近所の子どもたちの遊び場になるなど、市民に向けて公開されている様子が印象的だった。もちろん今日のような姿になるまでに長い道のりがあったのだろうが、公共性の理念のもとで市民社会に歴史が組み込まれているように感じた。もちろん日本社会が歴史と無縁であるわけではない。英国社会とは異なるしくみで、社会と歴史とが結びついてきたことは間違いない。問題は、それがどのような結びつき方なのだろうかということである。今でも著者は明確な答えを持っているわけではない。ただ、そうした疑問に促されるかたちで、本書を書き始めたのである。

御成敗式目への関心は、修士論文・博士論文以来のものであるが、同世代の歴史学・法制史学の研究者たちと二〇一八年に刊行した高谷知佳・小石川裕介編『日本法史から何がみえるか』（有斐閣）で式目を取り上げた際、式目そのものが現在に至るまでどのように取り扱われてきたのか、その歴史そのものに興味を持つようになった。また、大学という職場で学生に接する中で、自分の研究テーマや問題意識について、学生はもちろんのこと、未来ある若者たちを大学に進学させてくれている高校の先生や保護者が気軽に手にとることのできる一般書を書きたいと思うようになっていた。

そうしたところ、コロナ感染が拡大しつつある二〇二〇年三月、中公新書編集部の並木光晴さんから、式目をテーマにした新書の執筆依頼を受けた。式目という渋いテーマで執筆をお勧めいただけたのは本当に嬉しかった。すぐに執筆に取り掛かればよかったのだが、著者の能力不足と怠慢もあって、コロナ禍とともに三年の歳月が経ってしまった。その間、並木さんには辛抱強くお待ちいただいた。

本書の依頼を受けたのとほぼ同時期に、友人の神野潔さんから『御成敗式目ハンドブック(仮題)』(吉川弘文館)の共編者になってもらえないかと頼まれた。こちらは日本中世史・法制史の若手研究者を中心にして、ベテランにも寄稿していただいたもので、執筆者それぞれの研究テーマを活かしながら、テーマごとに研究史をまとめ、学生や高校教員向けの入門書となることを目指している。企画自体はその一年前に始まっており、著者も一章分の執筆依頼を受けていたが、様々な事情があって、仕切り直しのために協力を求められたのである。新書の執筆は相当先になるだろうから、先に入門書が出ていればよいと思っていた。ところが、著者の力不足もあって、結局出版が難航してしまい、今年(二〇二三年)秋の刊行となってしまった。神野さんをはじめとして執筆者の皆様には申し訳ないかぎりであるが、本書を入り口として、ハンドブックを手にとろうという読者が出てくることを願っている。それぞれに個性的な歴史家たちが綺羅星のごとく並ぶハンドブックには、本書とはまた違う魅力と面白さがある。

本書執筆にあたっては多くの人たちの支えがあった。漏れがあるのを恐れるので、逐一ここで名前を挙げることは差し控えたいが、『日本法史から何がみえるか』でご一緒したみなさん、斎藤唯浄の「式目注の会」のみなさん、草稿や校正刷りに貴重な意見をくださった高谷知佳さん、立教大学の学生のみなさん、そして編集担当の並木さんには心よりの感謝を捧げたい。本書の依頼を受けた頃に生まれた娘の薫はパンデミックのさなかにあってもすくすくと成長している。あれから三年、子どもの成長に比べれば牛歩のごとき歩みではあるが、研究を続けていられるのは家族の支えがあるからである。二人の子ども祐理と薫に本書を捧げることをお許しいただきたい。

二〇二三年四月

佐藤雄基

主要参考文献

研究書等

青木敦『宋代民事法の世界』(慶應義塾大学出版会、二〇一四年)
網野善彦『中世の非人と遊女』(明石書店、一九九四年、のち講談社、二〇〇五年)
網野善彦ほか『中世の罪と罰』(東京大学出版会、一九八三年、のち講談社、二〇一九年)
石井進『鎌倉幕府』(中央公論社、一九六五年、のち『石井進の世界1　鎌倉幕府』山川出版社、二〇〇五年)
石井進『日本中世国家史の研究』(岩波書店、一九七〇年、のち『石井進著作集』1、岩波書店、二〇〇四年)
石井進「鎌倉幕府論」(『岩波講座　日本歴史　中世1』岩波書店、一九六二年、のち『石井進著作集』2、岩波書店、二〇〇四年)
石井良助『日本法制史概説』(弘文堂、一九四八年、のち創文社、一九六〇年)
石井良助『天皇』(弘文堂、一九五二年、のち講談社、二〇一一年)
石母田正『中世的世界の形成』(伊藤書店、一九四六年、のち岩波文庫、一九八五年、『石母田正著作集』5、岩波書店、一九八八年)
池内義資『御成敗式目の研究』(平楽寺書店、一九七三年)

主要参考文献

磯貝富士男『日本中世奴隷制論』（校倉書房、二〇〇七年）
入間田宣夫『百姓申状と起請文の世界』（東京大学出版会、一九八六年）
植木直一郎『御成敗式目研究』（岩波書店、一九三〇年）
上杉和彦『日本中世法体系成立史論』（校倉書房、一九九六年）
上横手雅敬『鎌倉幕府統治構造の研究』（校倉書房、二〇一五年）
上横手雅敬『鎌倉時代政治史研究』（吉川弘文館、一九九一年）
上横手雅敬『日本中世国家史論考』（塙書房、一九九四年）
エンゲルス『家族・私有財産・国家の起源』（戸原四郎訳、岩波文庫、一九六五年）
太田次男『旧鈔本を中心とする白氏文集本文の研究』下（勉誠社、一九九七年）
奥田正造編『聖徳太子憲法』（森江書店、一九三四年）
筧雅博『蒙古襲来と徳政令』（講談社、二〇〇一年、のち文庫、二〇〇九年）
笠松宏至『日本中世法史論』（東京大学出版会、一九七九年）
笠松宏至『徳政令』（岩波書店、一九八三年、のち講談社、二〇二二年）
笠松宏至『法と言葉の中世史』（平凡社、一九八四年、のちライブラリー、一九九三年）
笠松宏至『中世人との対話』（東京大学出版会、一九九七年）
勝俣鎮夫『戦国法成立史論』（東京大学出版会、一九七九年）
勝俣鎮夫『一揆』（岩波書店、一九八二年）
川合康『源平合戦の虚像を剝ぐ』（講談社、一九九六年、のち文庫、二〇一〇年）
川口暁弘『ふたつの憲法と日本人』（吉川弘文館、二〇一七年）
久保尾俊郎「「御成敗式目」の出版と小槻伊治」（『早稲田大学図書館紀要』三八号、一九九三年）
久留島典子「後家とやもめ」（網野善彦ほか編『ことばの文化史　中世3』平凡社、一九八九年）
黒田弘子『女性からみた中世社会と法』（校倉書房、二〇〇二年）

小路田泰直『日本憲法史』(かもがわ出版、二〇一六年)
小林宏『伊達家塵芥集の研究』(創文社、一九七〇年)
五味文彦「女性所領と家」(女性史総合研究会編『日本女性史 2 中世』東京大学出版会、一九八二年)
近藤成一「悪党召し捕りの構造」(『鎌倉時代政治構造の研究』校倉書房、二〇一六年、初出一九九三年)
坂上康俊「古代の法と慣習」(朝尾直弘ほか編『岩波講座 日本通史 古代2』岩波書店、一九九四年)
榊原千鶴「『蘆雪本御成敗式目抄』にみる近世前夜」(『南山国文論集』二三号、一九九九年)
桜井英治『贈与の歴史学』(中央公論新社、二〇一一年)
佐々木紀一「関東中原氏家伝と系図の展開について」(『米澤國語國文』三六号、二〇〇八年)
佐藤進一「御成敗式目の原形について」(『日本中世史論集』岩波書店、一九九〇年、初出一九六五年)
佐藤進一『鎌倉幕府訴訟制度の研究』(畝傍書房、一九四三年、のち岩波書店、一九九三年)
佐藤進一『南北朝の動乱』(中央公論社、一九七一年、のち文庫、一九七四年)
佐藤進一『日本の中世国家』(岩波書店、一九八三年、のち文庫、二〇二〇年)
佐藤進一『日本中世史論集』(岩波書店、一九九〇年)
佐藤進一ほか「時代と人物・中世」(佐藤編『日本人物史大系』2、朝倉書店、一九五九年)
佐藤全敏「『為房卿記』と政務文書」(五味文彦編『日記に中世を読む』吉川弘文館、一九九八年)
佐藤雄基『日本中世初期の文書と訴訟』(山川出版社、二〇一二年)
佐藤雄基「中世の法と裁判」(『岩波講座 日本歴史7 中世2』岩波書店、二〇一四年)
佐藤雄基「『入来文書』の構想とその史学史上の位置」(海老澤衷ほか編『朝河貫一と日欧中世史研究』吉川弘文館、二〇一七年)
佐藤雄基「朝河貫一とジョン・ケアリー・ホールの往復書簡の紹介」(『立教大学日本学研究所年報』一六号、二〇一七年)
佐藤雄基「中世の法典」(高谷知佳・小石川裕介編『日本法史から何がみえるか』有斐閣、二〇一八年)

佐藤雄基「過去の法へのまなざし――日本法史学史」（高谷知佳・小石川裕介編『日本法史から何がみえるか』有斐閣、二〇一八年）
佐藤雄基「鎌倉時代の天皇像と将軍・得宗」（『史学雑誌』一二九巻一〇号、二〇二〇年）
佐藤雄基「鎌倉北条氏の書状 序説」（『国立歴史民俗博物館研究報告』二二四号、二〇二一年）
佐藤雄基「鎌倉幕府の《裁判》と中世国家・社会」（『歴史学研究』一〇〇七号、二〇二一年）
佐藤雄基「御成敗式目の現代語訳はどうして難しいのか」（『立教史学』五号、二〇二二年）
佐藤雄基「五十一という神話　御成敗式目と十七条憲法」（『古文書研究』九五号、二〇二三年）
滋賀秀三『中国家族法の原理』（創文社、一九六七年）
清水亮『鎌倉幕府御家人制の政治史的研究』（校倉書房、二〇〇七年）
杉橋隆夫「御成敗式目成立の経緯・試論」（岸俊男教授退官記念会編『日本政治社会史研究』下、塙書房、一九八五年）
鈴木芳道「鎌倉時代の公武婚」（『鷹陵史学』三〇号、二〇〇四年）
瀬野精一郎『鎌倉幕府と鎮西』（吉川弘文館、二〇一一年）
平雅行「出家入道と中世社会」（『大阪大学大学院文学研究科紀要』五三号、二〇一三年）
高谷知佳「平安京・京都の都市法と公共領域」1〜3（『法学論叢』一九一巻二〜四号、二〇二二年）
高橋一樹『中世荘園制と鎌倉幕府』（塙書房、二〇〇四年）
高橋秀樹『日本中世の家と親族』（吉川弘文館、一九九六年）
田中卓『祖国再建』上・下（青々企画、二〇〇六年）
田中尚子『室町の学問と知の継承』（勉誠出版、二〇一七年）
田中稔『鎌倉幕府御家人制度の研究』（吉川弘文館、一九九一年）
棚橋光男『中世成立期の法と国家』（塙書房、一九八三年）
虎尾俊哉『延喜式』（吉川弘文館、一九六四年）

中川博夫「鎌倉期関東歌壇と道歌」（『日本文学』七一巻五号、二〇二二年）
永澤済「日本中世和化漢文における非使役「令」の機能」（『言語研究』一五九号、二〇二一年）
中塚武監修『気候変動から読みなおす日本史』1〜6（臨川書店、二〇二〇〜二一年）
長又高夫『御成敗式目編纂の基礎的研究』（汲古書院、二〇一七年）
長又高夫『中世法書と明法道の研究』（汲古書院、二〇二〇年）
仲村研「山城国西岡寂照院関係文書について」（『古文書研究』五号、一九七一年）
長村祥知『中世公武関係と承久の乱』（吉川弘文館、二〇一五年）
西田友広『悪党召し捕りの中世』（吉川弘文館、二〇一七年）
新田一郎「「式目注釈書」三題」（石井進編『中世の法と政治』吉川弘文館、一九九三年）
新田一郎「「大犯三箇条」異説」（『遥かなる中世』一四号、一九九五年）
新田一郎『日本中世の社会と法』（東京大学出版会、一九九五年）
新田一郎「「法」の記憶」（『文学』七巻三号、二〇〇六年）
新田一郎「律令・式目」（前田雅之編『中世の学芸と古典注釈』竹林舎、二〇一一年）
野村育世「辻捕の光景」（『家族史としての女院論』校倉書房、二〇〇六年、初出一九九一年）
野村育世『ジェンダーの中世社会史』（同成社、二〇一七年）
羽下徳彦「領主支配と法」（黒田俊雄ほか編『岩波講座日本歴史　中世1』岩波書店、一九七五年）
早島大祐ほか『首都京都と室町幕府』（吉川弘文館、二〇二二年）
平山行三『和与の研究——鎌倉幕府司法制度の一節』（吉川弘文館、一九六四年）
深尾裕造編著『マグナ・カルタの800年』（関西学院大学出版会、二〇一九年）
藤木久志『飢餓と戦争の戦国を行く』（朝日新聞社、二〇〇一年）
古澤直人『鎌倉幕府と中世国家』（校倉書房、一九九一年）
古澤直人『中世初期の〈謀叛〉と平治の乱』（吉川弘文館、二〇一九年）

保立道久『中世の国土高権と天皇・武家』（校倉書房、二〇一五年）
本郷恵子「鎌倉期の撫民思想について」（鎌倉遺文研究会編『鎌倉期社会と史料論』東京堂出版、二〇〇二年）
前川祐一郎「日本中世の幕府「追加法」生成と伝達の構造」（林信夫・新田一郎編『法が生まれるとき』創文社、二〇〇八年）
前田雅之『古典と日本人』（光文社、二〇二二年）
増田于信「法律の御批」（村岡良弼ほか編『如蘭社話』一二、如蘭社事務所、一八八九年）
丸山眞男『丸山眞男講義録　第五冊』（東京大学出版会、一九九九年）
三浦周行「日本人に法治国民の素質ありや」（『法制史の研究』岩波書店、一九一九年）
三浦周行「貞永式目」（『続法制史の研究』岩波書店、一九二五年、初出一九一九・一九二〇年）
村井章介『中世の国家と在地社会』（校倉書房、二〇〇五年）
森幸夫『六波羅探題の研究』（続群書類従完成会、二〇〇五年）
安田元久『地頭及び地頭領主制の研究』（山川出版社、一九六一年）
安野博之「清原家と『御成敗式目』」（『三田國文』二六号、一九九七年）
柳原敏昭「百姓の逃散と式目42条」（『歴史学研究』五八八号、一九八八年）
山口道弘「鎌倉幕府法縁坐規定を逶る二、三の問題に就いて」（『国家学会雑誌』一一八巻九・一〇号、二〇〇五年）
山田尚子「『御成敗式目』と清原家」（『書物学』第一三巻、勉誠出版、二〇一八年）
山本幸司「裁許状・問状から見た鎌倉幕府初期訴訟制度」（『史学雑誌』九四巻四号、一九八五年）
山本七平『日本的革命の哲学』（ＰＨＰ研究所、一九八二年、のち文庫、一九九二年、のち祥伝社、二〇〇八年）
吉田孝『律令国家と古代の社会』（岩波書店、一九八三年）

Conlan, Thomas Donald, *Samurai and the Warrior Culture of Japan, 471-1877 A Sourcebook*, Hackett Publishing, 2022.

Hall, John Carey, Japanese Feudal Law: the Institutes of Judicature: being a translation of "GO SEIBAI SHIKIMOKU", *Transactions of the Asiatic Society of Japan*, vol.34, 1906.

Röhl, Wilhelm, Das Goseibaishikimoku: Eine Rechtsquelle der Kamakura-Zeit, *Oriens Extremus*, vol. 5 no.2, 1958, pp. 228-245.

史料集

家永三郎ほか校注『聖徳太子集』（岩波書店、一九七五年）

石井進ほか校注『中世政治社会思想』上（岩波書店、一九七二年）

笠松宏至ほか校注『中世政治社会思想』下（岩波書店、一九八一年）

竹内理三編『平安遺文』全一一巻（東京堂出版、一九七四～七六年）

竹内理三編『鎌倉遺文』全四二巻・補遺四巻（東京堂出版、一九七一～九五年）

佐藤進一ほか編『中世法制史料集』一～六・別巻（岩波書店、一九五五～二〇〇五年）

東京大学史料編纂所編『大日本古文書　大徳寺文書別集 真珠庵文書之六』（東京大学出版会、二〇〇五年）

東京大学史料編纂所編『大日本古文書　東大寺文書之六』（東京大学出版会、一九五二年）

御成敗式目五十一箇条

第一条

一　神社を修理し、祭祀を専らにすべき事

右、神は人の敬ひによって威を増し、人は神の徳によって運を添ふ。しかればすなはち、恒例の祭祀、陵夷を致さず、如在の礼奠、怠慢せしむることなかれ。これによって関東御分の国々ならびに庄園においては、地頭・神主らおのおのその趣きを存じ、精誠を致すべきなり。兼ねてまた有封の社に至りては、代々の符に任せて、小破の時はかつがつ修理を加へ、もし大破に及ばば、子細を言上し、その左右に随ひて、その沙汰あるべし。

第二条

一　寺塔を修造し、仏事等を勤行すべき事

右、寺・社異なるといへども、崇敬これ同じ。よって修造の功、恒例の勤め、よろしく先条に准ずべし。後勘を招くなかれ。ただし恣に寺用を貪り、その役を勤めざるの輩は、早くかの職を改易せしむべし。

第三条

一　諸国守護人奉行の事

右、右大将家の御時、定め置かるるところは、大番催促・謀叛・殺害人〈付けたり。夜討・強盗・山賊・海賊〉等の事なり。しかるに近年、代官を郡郷に分かち補し、公事を庄保に充て課せ、国司にあらずして国務を妨げ、地頭にあらずして地利を貪る。所行の企て、はなはだもって無道なり。そもそも重代の御家人たりといへども、当時の所帯なくば、駈り催すあたはず。兼ねてまた所々の下司・庄官以下、その名を御家人に仮り、国司・領家の下知を対捍すと云々。しかるごときの輩、守護役を勤むべきの由、たとひ望み申すといへども、一切加え催すべからず。早く右大将家御時の例に任せて、大番役ならびに謀叛・殺害のほか、守護の沙汰を停止せしむべし。もしこの式目に背き、自余の事に相交はらば、あるいは国司・領家の訴訟により、あるいは地頭・土民の愁鬱により、非法の至り顕然たらば、所帯の職を改められ、穏便の輩を補すべきなり。また代官に至りては、一人を定むべきなり。

第四条

一　同じく守護人、事の由を申さず、罪科の跡を没収する事

右、重犯の輩、出来の時は、すべからく子細を申し、その左右に随ふべきのところ、実否を決せず軽重を糺さず、恣に罪科の跡と称し、私に没収せしむるの条、理不尽の沙汰なり。はなはだ自由の姦謀なり。早くその旨を註進し、宜しく裁断を蒙らしむべし。なほもって違犯せば、罪科に処せらるべし。

次に、犯科人の田畠・在家ならびに妻子・資財の事、重科の輩においては、守護所に召し渡すといへども、田宅・妻子・雑具に至りては、付け渡すに及ばず。兼ねてまた同類の事、たとひ白状に載すといへども、贓物なくば、さらに沙汰の限りにあらず。

第五条

一　諸国の地頭、年貢所当を抑留せしむる事

右、年貢を抑留するの由、本所の訴訟あらば、すなはち結解を遂げ、勘定を請くべし。犯用の条、もし遁るるところなくば、員数に任せてこれを弁償すべし。ただし少分においては、早速沙汰を致すべし。過分に至りては、三ヶ年中に

弁済すべきなり。なほこの旨に背き難渋せしめば、所職を改易せらるべきなり。

第六条

一　国司・領家の成敗、関東御口入に及ばざる事

右、国衙・庄園・神社・仏寺領、本所の進止たり。沙汰出来においては、いまさら御口入に及ばず。もし申す旨ありといへども、あえて叙用されず。

次に、本所の挙状を帯さず、越訴致す事、諸国庄公ならびに神社仏寺、本所の挙状をもって訴訟を経べきのところ、その状を帯さずんば、すでに道理を背くか。自今以後、成敗に及ばず。

第七条

一　右大将家以後、代々の将軍ならびに二位殿御時、充て給はるところの所領等、本主の訴訟によって改補せらるるや否やの事

右、あるいは勲功の賞に募り、あるいは宮仕の労によって、拝領の事、由緒なきにあらず。しかるに先祖の本領と称して、御裁許を蒙るにおいては、一人たとひ喜悦の眉を開くといへども、傍輩さだめて安堵の思ひをなし難きか。濫訴の輩、停止せらるべし。ただし当給人罪科あるの時、本主そのついでを守りて訴訟を企つる事、禁制にあたはざるか。

次に、代々御成敗おはりて後、申し乱さんと擬するの事、その理なきによって、棄て置かるるの輩、歳月を歴るの後、訴訟を企つるの条、存知の旨、罪科軽からず。自今以後、代々の成敗を顧みず、猥りに面々の濫訴を致さば、すべからく不実の子細をもって、所帯の証文に書き載せらるべし。

第八条

一　御下文を帯すといへども、知行せしめず年序を経る所領の事

右、当知行の後、廿ヶ年を過ぎば、大将家の

例に任せて、理非を論ぜず改替にあたはず。しかるに知行の由を申して御下文を掠め給はるの輩、かの状を帯すといへども叙用に及ばず。

第九条

一 謀叛人の事

右、式目の趣き、兼日定め難きか。かつは先例に任せ、かつは時議によってこれを行はるべし。

第十条

一 殺害・刃傷罪科の事〈付けたり。父子の咎、相互に懸けらるるや否やの事〉

右、あるいは当座の諍論により、あるいは遊宴の酔狂によって、不慮のほか、もし殺害を犯さば、その身を死罪に行はれ、ならびに流刑に処せられ、所帯を没収せらるるといへども、その父その子相交はらずば、互ひにこれを懸くべからず。

次に刃傷の科の事、同じくこれに准ずべし。

次にあるいは子、あるいは孫、父祖の敵を殺害するにおいては、父祖たとひ相知らずといへども、その罪に処せらるべし。父祖の憤りを散ぜんがため、たちまち宿意を遂ぐるの故なり。次にもしくは人の所職を奪はんと欲し、もしくは人の財宝を取らんがため、殺害を企つるといへども、その父知らざるの由、在状分明ならば縁坐に処すべからず。

第十一条

一 夫の罪過によって、妻女の所領没収せらるるや否やの事

右、謀叛・殺害ならびに山賊・海賊・夜討・強盗等の重科においては、夫の咎を懸くべきなり。ただし、当座の口論により、もし刃傷・殺害に及ばばこれを懸くべからず。

第十二条

一 悪口の咎の事

右、闘殺の基、悪口より起る。その重きは流罪に処せられ、その軽きは召し籠めらるべきなり。

問注の時、悪口を吐かば、すなはち論所を敵人に付けらるべきなり。また論所の事その理なくば他の所領を没収せらるべし。もし所帯なくば流罪に処せらるべきなり。

第十三条

一　殴人の咎の事

右、打擲せらるるの輩はその恥を雪がんがため定めて害心を露はすか。殴人の科、はなはだもって軽からず。よって侍においては所帯を没収せらるべし。所領なくば流罪に処すべし。郎従以下に至りては、その身を召し禁ぜしむべし。

第十四条

一　代官の罪科を主人に懸くるや否やの事

右、代官たるの輩、殺害以下の重科あるの時、くだんの主人その身を召し進せば、主人に科を懸くべからず。ただし、代官を扶けんがため、咎なきの由を主人陳じ申すのところ、実犯露顕せば主人その罪を遁れ難し。よって所領を没収せらるべし。かの代官に至りては召し禁ぜらるべきなり。兼ねてまた、代官あるいは本所の年貢を抑留し、あるいは先例の率法に違背せば、代官の所行たりといへども主人にその過を懸けらるべきなり。しかのみならず代官もしくは本所の訴訟により、もしくは訴人の解状につきて、関東よりこれを召され、六波羅よりこれを催さるるの時、参決を遂げず、なほ張行せしめば、同じくまた主人の所帯を召さるべし。ただし、事の躰に随ひて軽重あるべきか。

第十五条

一　謀書の罪科の事

右、侍においては所領を没収せらるべし。所帯なくば遠流に処すべきなり。凡下の輩は火印をその面に捺さるべきなり。執筆の者また与同罪。次に論人所帯の証文をもって、謀書たるの由、多くもってこれを称す。披見のところ、もし謀書たらばもっとも先条に任せてその科あるべし。

また文書の紕繆なくば、謀略の輩に仰せて神社・仏寺の修理に付けらるべし。ただし無力の輩に至りては、その身を追放せらるべきなり。

第十六条

一　承久兵乱の時、没収の地の事

右、京方の合戦を致すの由、聞こし食し及ぶによって、所帯を没収せらるるの輩、その過なきの旨、証拠分明ならば、その替を当給人に充て給ひ、本主に返し給ふべきなり。これすなはち、当給人においては、勲功奉公あるの故なり。

次に関東御恩の輩の中、京方に交はりて合戦の事、罪科ことに重し。よってすなはちその身を誅せられ、所帯を没収せられおはんぬ。しかるに自然の運によって遁れ来るの族、近年聞こし食し及ばば、ことすでに違期のうへ、もっとも寛有の儀につきて、所領の内を割き、五分の一を没収せらるべし。ただし御家人の外、下司・庄官たるの輩、京方の咎たとひ露顕すといへども、いまさら改め沙汰にあたはざるの由、去年議定せられおはんぬ。ていれば異儀に及ばず。

次に同じく没収の地をもって、本領主と称して訴へ申す事、当知行の人その過あるによってこれを没収し、勲功の輩に充て給ひおはんぬ。かの時の知行は、非分の領主なり。相伝の道理に任せて返し給はるべきの由、訴え申すの類、多くその聞えあり。すでにかの時の知行につきて、あまねく没収せられおはんぬ。何ぞ当時の領主を閣きて、往代の由緒を尋ぬべきや。自今以後、濫望を停止すべし。

第十七条

一　同じき時の合戦の罪過、父子各別の事

右、父は京方に交はるといへども、その子関東に候じ、子は京方に交はるといへども、その父関東に候ずるの輩、賞罰すでに異なり。罪科なんぞ混ぜん。また西国の住人ら、父たりといへども、子たりといへども、一人京方に参ぜば、住国の父子、その過を遁るべからず。同道せずといへども、同心せしむるによってなり。ただし行程境はるかにして、音信通じ難く、共に子細を知らずば、互ひに罪科に処しがたきか。

第十八条

一　所領を女子に譲り与ふるの後、不和の儀あるによって、その親悔い還すや否やの事

右、男女の号異なるといへども、父母の恩これ同じ。ここに法家の倫、申す旨ありといへども、女子すなはち悔い返さざるの文を憑みて、不孝の罪業を憚るべからず。父母また敵対の論に及ぶを察して、所領を女子に譲るべからざるか。親子義絶の起りなり。教令違犯の基なり。女子もし向背の儀あらば、父母よろしく進退の意に任すべし。これによって、女子は譲状を全うせんがため、忠孝の節を竭し、父母は撫育を施さんがために慈愛の思ひを均しうせんものか。

第十九条

一　親疎を論ぜず眷養せらるる輩、本主の子孫に違背する事

右、人を憑むの輩、親愛せられば子息のごとく、しからずばまた郎従のごときか。ここにかの輩、忠勤を致さしむるの時、本主その志に感歎するの余り、あるいは充文を渡し、あるいは譲状を与ふるのところ、和与の物と称して、本主の子孫に対論するの条、結構の趣きはなはだしかるべからず。求媚の時は、かつは子息の儀を存じ、かつは郎従の礼を致す。向背の後は、あるいは他人の号を仮り、あるいは敵対の思ひをなす。たちまち先人の恩顧を忘れ、本主の子孫に違背せば、譲りを得る所領においては、本主の子孫に付けらるべし。

第二十条

一　譲状を得るの後、その子、父母に先だち死去せしむる跡の事

右、その子見存せしむといへども、悔い還すに至りてはなんぞ妨げあらんや。いはんや子孫死去の後は、ただ父祖の意に任すべきなり。

第二十一条

一　妻妾、夫の譲りを得、離別せらるるの後、かの所領を領知するや否やの事

右、その妻重科あるによって棄捐せらるるにおいては、たとひ往日の契状ありといへども、前夫の所領を知行し難し。もしまたかの妻、功ありて過なく、新しきを賞して旧きを棄てば、譲るところの所領、悔い還すにあたはず。

第二十二条

一　父母所領配分の時、義絶にあらずといへども、成人の子息に譲り与へざる事

右、その親、成人の子をもって吹挙せしむるの間、勤厚の思ひを励まし、労功を積むのところ、あるいは継母の讒言に付き、あるいは庶子の鍾愛により、その子義絶せられずといへども、たちまちかの処分に漏る。侘傺の条、非拠の至りなり。よって今立つるところの嫡子の分を割き、五分の一をもって無足の兄に充て給ふべきなり。ただし少分たりといへども、計らひ充つるにおいては、嫡庶を論ぜず、よろしく証跡によるべし。そもそも嫡子たりといへども、さしたる奉公なく、また不孝の輩においては、沙汰の限りにあらず。

第二十三条

一　女人養子の事

右、法意のごとくんば、これを許さざるといへども、大将家御時以来当世に至るまで、その子なきの女人ら、所領を養子に譲り与ふる事、不易の法、勝計すべからず。しかのみならず、都鄙の例、先蹤これ多し。評議のところ、もっとも信用に足るか。

第二十四条

一　夫の所領を譲り得たる後家、改嫁せしむる

事

右、後家たるの輩、夫の所領を譲り得ば、すべからく他事を抛ちて、亡夫の後世を訪ふべきのところ、式目に背く事、その咎なきにあらざるか。しかるにたちまち貞心を忘れ、改嫁せしめば、得るところの領地をもって、亡夫の子息に充て給ふべし。もしまた子息なくば別の御計らひあるべし。

第二十五条

一　関東御家人、月卿・雲客をもって聟君となし、所領を譲るによって、公事の足減少の事

右、所領においては、かの女子に譲り、各別せしむるといへども、公事に至りてはその分限に随ひて省き充てらるべきなり。親父存日たとひ優如の儀をなし、充て課せずといへども、逝去の後は、もっとも催勤せしむべし。もし権威に募りて勤仕せずば、永くくだんの所領を辞退せらるべきか。おほよそ関東祗候の女房たりといへども、あへて殿中平均の公事に泥むなかれ。このうへ難渋せしむるにおいては、所領を知行すべからざるなり。

第二十六条

一　所領を子息に譲り、安堵御下文を給はるの後、その領を悔い還し、他の子息に譲り与ふる事

右、父母の意に任すべきの由、つぶさにもって先条に載せおはんぬ。よって先判の譲りにつき、安堵の御下文を給はるといへども、その親これを悔い還し、他子に譲るにおいては、後判の譲りに任せて御成敗あるべし。

第二十七条

一　未処分の跡の事

右、かつは奉公の浅深に随ひ、かつは器量の堪否を糺し、おのおの時宜に任せて、分かち充てらるべし。

第二十八条

一　虚言を構へ、讒訴を致す事

右、面を和らげ、言を巧みにし、君を掠め人を損ずるの属、文籍載するところ、その罪はなはだ重し。世のため人のため、誡めざるべからず。所領を望まんがため、讒訴を企つるは、讒者の所領をもって、他人に充て給ふべし。所帯なくば遠流に処すべし。官途を塞がんがため、讒言を構へば、永くかの讒人を召し仕ふべからず。

第二十九条

一　本奉行人を閣き、別人に付きて訴訟を企つる事

右、本奉行人を閣き、さらに別人に付きて、内々訴訟を企つるの間、参差の沙汰、不慮にして出来せんか。よって訴人においては、しばらく裁許を抑へらるべし。執り申すの人に至りては、御禁制あるべし。奉行人もし緩怠せしめ、むなしく二十ケ日を経ば、庭中においてこれを申すべし。

第三十条

一　問註を遂ぐるの輩、御成敗を相待たず、権門の書状を執り進する事

右、裁許に預かるの者、強縁の力を悦び、棄て置かるるの者、権門の威を愁ふ。ここに得理の方人は、しきりに扶持の芳恩と称し、無理の方人は、ひそかに憲法の裁断を猜む。政道を黷す事、もととしてこれによる。自今以後、たしかに停止すべきなり。あるいは奉行人に付き、あるいは庭中において申さしむべきなり。

第三十一条

一　道理なきにより、御成敗を蒙らざる輩、奉行人の偏頗たるの由、訴へ申す事

右、その理なきにより、裁許に関らざるの輩、奉行人の偏頗たるの由、構へ申すの条、はなはだもって濫吹なり。自今以後、不実を構へ、濫訴を企てば、所領の三分の一を収公せらるべし。

所帯なくば追却せらるべし。もしまた奉行人その誤りあらば、永く召し仕ふべからず。

第三十二条

一　盗賊・悪党を所領の内に隠し置く事

右、くだんの輩、風聞ありといへども露顕せざるによって断罪にあたはず。炳誡を加へず。しかるに国人ら差し申すのところ、召し上ぐるの時はその国無為なり。在国の時はその国狼藉なりと云々。よって縁辺の凶賊においては、証跡に付きて召し禁ずべし。また地頭ら賊徒を隠し置くに至りては、同罪たるべきなり。まず嫌疑の趣きにつきて地頭を鎌倉に召し置き、かの国落居せざるの間は身の暇を給ふべからず。

次に守護使の入部を停止せらるる所々の事、同じく悪党ら出来の時は不日守護所に召し渡すべきなり。もし拘惜においては、かつは守護使を入部せしめ、かつは地頭代を改補すべきなり。もしまた代官を改めずば、地頭職を没収せられ、守護使を入れらるべし。

第三十三条

一　強・窃二盗の罪科の事〈付けたり。放火人の事〉

右、すでに断罪の先例あり。何ぞ猶予の新儀に及ばんや。

次に放火人の事、盗賊に准拠して、よろしく禁遏せしむべし。

第三十四条

一　他人の妻を密懐する罪科の事

右、強姦・和奸を論ぜず人の妻を懐抱するの輩、所領半分を召され、出仕を罷めらるべし。所帯なくば遠流に処すべし。女の所領同じくこれを召さるべし。所領なくばまた配流せらるべきなり。

次に道路の辻において女を捕ふる事、御家人においては百箇日の間、出仕を止むべし。郎従以下に至りては、大将家御時の例に任せて、片方の鬢髪を剃り除くべきなり。ただし、法師の罪科においては、その時に当たり斟酌せらるべし。

第三十五条

一　度々召文を給ふといへども参上せざる科の事

右、訴状につきて召文を遣はす事三ヶ度に及び、なほ参決せずば、訴人理あらば直に裁許せらるべし。訴人理なくば、また他人に給ふべきなり。ただし、所従・牛馬ならびに雑物等に至りては、員数に任せて糺し返され、寺社の修理に付けらるべきなり。

第三十六条

一　旧き境を改め、相論を致す事

右、あるいは往昔の堺を越え、新儀の案を構へてこれを妨げ、あるいは近年の例を掠め、古き文書を捧げてこれを論ず。裁許に預からざるといへども、さしたる損なきの故、猛悪の輩、ややもすれば謀訴を企つ。成敗のところ、その煩なきにあらず。自今以後、実検使を遣はし、本跡を糺明し、非拠の訴訟たらば、界を越えて論をなすの分限を相計らひ、訴人の領地の内を割き分かち、論人の方へ付けらるべきなり。

第三十七条

一　関東御家人京都に申して、傍官の所領の上司に望み補する事

右、大将家の御時、一向に停止せられおはんぬ。しかるに近年より以降、自由の望みを企つ。ただに禁制に背くのみならず、定めて喧嘩に覃ばしむるか。自今以後、濫望を致すの輩は、所領一所を召さるべきなり。

第三十八条

一　惣地頭、所領の内の名主職を押妨する事

右、惣領を給はるの人、所領の内と称し、各別の村を掠め領する事、所行の企て罪科遁れ難し。ここに別の御下文を給はり、名主職たりといへども、惣地頭もし尫弱の隙を伺ひ、限り

ある沙汰の外、非法を巧みて濫妨を致さば、別納の御下文を名主に給ふべきなり。名主また事を左右に寄せ、先例を顧みず、地頭に違背せば、名主職を改めらるべきなり。

第三十九条

一　官爵所望の輩、関東御一行を申し請くる事

右、成功を召さるるの時、所望の人を註し申さるるは、すでにこれ公平なり。よって沙汰の限りにあらず。昇進のため挙状を申す事、貴賤を論ぜず、一向にこれを停止すべし。ただし、受領・検非違使を申すの輩、理運たるにおいては、御挙状にあらずといへども、ただ御免の由、仰せ下さるべきか。兼ねてまた新叙の輩、巡年廻り来り、朝恩に浴さば、制の限りにあらず。

第四十条

一　鎌倉中の僧徒、ほしいままに官位を諍ふ事

右、綱位によって臈次を乱すの故に、猥りに自由の昇進を求め、いよいよ僧綱の員数を添ふ。宿老有智の高僧たりといへども、少年無才の後輩に越さる。すなはちこれ、かつは衣鉢の資を傾け、かつは経教の義に乖くものなり。自今以後、免許を蒙らず昇進の輩、寺社の供僧たらば、かの職を停廃せらるべし。御帰依の僧たりといへども、同じくもって停止せらるべし。この外の禅侶は、偏に顧眄の人に仰せて、よろしく諷諫の誡あるべし。

第四十一条

一　奴婢雑人の事

右、大将家の例に任せて、その沙汰なく十箇年を過ぎば、理非を論ぜず、改め沙汰に及ばず。次に奴婢所生の男女の事、法意のごとくば、子細ありといへども、同じき御時の例に任せて、男は父に付け、女は母に付くべきなり。

第四十二条

一　百姓逃散の時、逃毀と称して損亡せしむる事

右、諸国の住民逃脱の時、その領主ら逃毀と称して、妻子を抑留し、資財を奪ひ取る。所行の企て、はなはだ仁政に背く。もし召し決せらるるのところ、年貢所当の未済あらば、その償ひを致すべし。しからずば、早く損物を糺し返さるべし。ただし去留においては、よろしく民の意に任すべきなり。

第四十三条

一　当知行と称して、他人の所領を掠め給はり、所出物を貪り取る事

右、無実を構へて掠め領する事、式条の推すところ、罪科脱れ難し。よって押領物においては、早く糺し返さしむべし。所領に至りては、没収せらるべきなり。所帯なくば、遠流に処せらるべし。

次に当知行の所領をもって、さしたるついでなく、安堵の御下文を申し給はるの事、もしそのついでをもって、始めて私曲を致すか。自今以後、停止せらるべきなり。

第四十四条

一　傍輩の罪過未断以前、かの所帯を競望する事

右、労功を積むの輩、所望を企つるは、常の習ひなり。しかるに、所犯あるの由、風聞せしむるの時、罪状いまだ定まらざるのところ、くだんの所領を望まんがため、その人を申し沈めんと欲するの条、所為の旨、あへて正義にあらず。かの申状につきて、その沙汰あらば、虎口の讒言、蜂起して絶ゆべからざるか。たとひ理運の訴訟たりといへども、兼日の競望を叙用せられず。

第四十五条

一　罪過の由、披露の時、糺決せられず、所

職(しき)を改替する事

右、糺決の儀なく御成敗あらば、犯否を謂(い)はず、定めて鬱憤(うっぷん)を貽(のこ)さんか。ていれば、早く淵底(えんてい)を究(きわ)め裁断せらるべし。

第四十六条

一　所領得替(とくたい)の時、前司(ぜんじ)・新司(しんし)の沙汰の事

右、所当年貢においては新司の成敗たるべし。私物・雑具ならびに所従・馬牛等に至りては、新司抑留に及ばず。いはんや恥辱(ちじょく)を前司に与へしめば、別の過怠(かたい)に処せらるべきなり。ただし重科によって没収せられれば、沙汰の限りにあらず。

第四十七条

一　不知行(ふちぎょう)の所領の文書をもって、他人に寄(き)附(ふ)する事〈付けたり。名主職(みょうしゅしき)をもって本所に相触れず、権門に寄進する事〉

右、自今以後、寄附の輩においては、その身を追却せらるべきなり。請け取るの人に至りては、寺社の修理に付けらるべし。

次に名主職をもって、本所に知らしめず、権門に寄附する事、自然これあり。しかるごときの族(やから)は、名主職を召し、地頭に付けらるべし。地頭なきの所は、本所に付けらるべし。

第四十八条

一　売買所領の事

右、相伝の私領をもって、要用の時、沽却(こきゃく)せしむるは定法(じょうほう)なり。しかるに、あるいは勲功に募り、あるいは勤労により、別の御恩に預かるの輩、ほしいままに売買せしむるの条、所行の旨、その科なきにあらず。自今以後、たしかに停止せらるべきなり。もし制符(せいふ)に背き沽却せしめば、売人といひ買人といひ、共にもって罪科に処すべし。

第四十九条

一　両方証文の理非顕然の時、対決を遂げんと擬する事

右、かれこれの証文理非懸隔の時は、対決を遂げずといへども、直に成敗あるべきか。

第五十条

一　狼藉の時、子細を知らず、その庭に出で向ふ輩の事

右、同意与力の科においては、子細に及ばず。その軽重に至りては、兼ねて式条を定め難し。もっとも時宜によるべきか。実否を聞かんがため、子細を知らずその庭に出で向ふにおいては、罪科に及ばず。

第五十一条

一　問状の御教書を帯し、狼藉を致す事

右、訴状に就き、問状を下さるるは、定例なり。しかるに、問状をもって狼藉を致す事、姦濫の企て、罪科遁れ難し。申すところもし顕然の僻事たらば、問状を給ふ事、一切停止せらるべきなり。

＊原文の漢文を「書き下し」（漢字平仮名交じり文）に改めた。旧仮名遣いで記したが、ルビは新仮名遣いである。新字を用い、便宜上一部の漢字を平仮名に開いている（たとえば「雖も」を「いへども」など）。促音の「つ」は小字に改めた。

＊本書でも述べているように、式目の定本はないが、便宜上、『中世法制史料集　第一巻』（岩波書店）の校本をもとにし、『中世政治社会思想』上巻（岩波書店）の訓読（笠松宏至作成）と『中世法制史料集　第一巻』付録の「御成敗式目仮名抄」（天文二年〔一五三三〕写で、式目の仮名書き本）を参考にしたが、適宜改めた。

＊条文ごとにある「第一条」といった見出しは原文にはなく、便宜上付したものである。なお、御成敗式目の起請文は割愛している。

[追加法]

御成敗式目・追加法索引

＊太字の頁番号は条文を示した箇所。
五十一箇条の構成は76～77頁に掲載。

佐藤雄基（さとう・ゆうき）

1981年（昭和56年），神奈川県に生まれる．東京大学文学部卒業．同大学大学院人文社会系研究科博士課程を修了し，博士（文学）を取得．日本学術振興会特別研究員（PD）などを経て，現在，立教大学文学部教授．専門分野は日本中世史，近代史学史．

著書『日本中世初期の文書と訴訟』（山川出版社）
『明治が歴史になったとき』（編著，勉誠出版）
『史学科の比較史』（小澤実との共編，勉誠出版）
『荘園史研究ハンドブック』（分担執筆，東京堂出版）
『中世の人物 京・鎌倉の時代編3　公武権力の変容と仏教界』（分担執筆，清文堂出版）
『日本法史から何がみえるか』（分担執筆，有斐閣）
『中世史講義』（分担執筆，ちくま新書）
『荘園研究の論点と展望』（分担執筆，吉川弘文館）
『現代語訳 吾妻鏡』（現代語訳・訳注分担執筆，吉川弘文館）
など

御成敗式目（ごせいばいしきもく）
中公新書 *2761*

2023年7月25日発行

著　者　佐藤雄基
発行者　安部順一

本文印刷　暁印刷
カバー印刷　大熊整美堂
製　本　小泉製本

発行所　中央公論新社
〒100-8152
東京都千代田区大手町1-7-1
電話　販売 03-5299-1730
　　　編集 03-5299-1830
URL https://www.chuko.co.jp/

定価はカバーに表示してあります．
落丁本・乱丁本はお手数ですが小社販売部宛にお送りください．送料小社負担にてお取り替えいたします．

本書の無断複製（コピー）は著作権法上での例外を除き禁じられています．また，代行業者等に依頼してスキャンやデジタル化することは，たとえ個人や家庭内の利用を目的とする場合でも著作権法違反です．

©2023 Yuki SATO

Published by CHUOKORON-SHINSHA, INC.
Printed in Japan　ISBN978-4-12-102761-0 C1221

日本史

d2

- 2127 河内源氏 — 元木泰雄
- 2573 公家源氏—王権を支えた名族 — 倉本一宏
- 2705 平氏—公家の盛衰、武家の興亡 — 倉本一宏
- 2655 刀伊の入寇 — 関　幸彦
- 1622 奥州藤原氏 — 高橋　崇
- 1867 院　政（増補版） — 美川　圭
- 608/613 中世の風景（上下） — 阿部謹也・網野善彦・石井　進・樺山紘一
- 1503 古文書返却の旅 — 網野善彦
- 1392 中世都市鎌倉を歩く — 松尾剛次
- 2336 源頼政と木曽義仲 — 永井　晋
- 2526 源　頼朝 — 元木泰雄
- 2678 北条義時 — 岩田慎平
- 2517 承久の乱 — 坂井孝一
- 2461 蒙古襲来と神風 — 服部英雄
- 2653 中先代の乱 — 鈴木由美
- 2601 北朝の天皇 — 石原比伊呂
- 2463 兼好法師 — 小川剛生
- 2443 観応の擾乱（かんのうのじょうらん） — 亀田俊和
- 2179 足利義満 — 小川剛生
- 978 室町の王権 — 今谷　明
- 2401 応仁の乱 — 呉座勇一
- 2058 日本神判史 — 清水克行
- 2139 贈与の歴史学 — 桜井英治
- 2481 戦国日本と大航海時代 — 平川　新
- 2688 戦国日本の軍事革命 — 藤田達生
- 2343 戦国武将の実力 — 小和田哲男
- 2084 戦国武将の手紙を読む — 小和田哲男
- 2593 戦国武将の叡智 — 小和田哲男
- 1213 流浪の戦国貴族 近衛前久 — 谷口研語
- 2665 三好一族—戦国最初の「天下人」 — 天野忠幸
- 1625 織田信長合戦全録 — 谷口克広
- 1782 信長軍の司令官 — 谷口克広
- 1907 信長と消えた家臣たち — 谷口克広
- 1453 信長の親衛隊 — 谷口克広
- 2421 織田信長の家臣団—派閥と人間関係 — 和田裕弘
- 2503 信長公記（しんちょうこうき）—戦国覇者の一級史料 — 和田裕弘
- 2555 織田信忠—天下人の嫡男 — 和田裕弘
- 2645 天正伊賀の乱 — 和田裕弘
- 2758 柴田勝家 — 和田裕弘
- 2622 明智光秀 — 福島克彦
- 784 豊臣秀吉 — 小和田哲男
- 2265 天下統一 — 藤田達生
- 2357 古田織部 — 諏訪勝則
- 2761 御成敗式目 — 佐藤雄基